全国人民代表大会常务委员会公报版

中华人民共和国
地方各级人民代表大会和
地方各级人民政府组织法

（最新修正本）

中国民主法制出版社

图书在版编目（CIP）数据

中华人民共和国地方各级人民代表大会和地方各级人民政府组织法：最新修正本／全国人大常委会办公厅供稿．—北京：中国民主法制出版社，2022. 3

ISBN 978-7-5162-2785-5

Ⅰ.①中…　Ⅱ.①全…　Ⅲ.①地方各级人民代表大会—组织法—中国②地方政府—组织法—中国　Ⅳ.①D921.1

中国版本图书馆 CIP 数据核字（2022）第 041962 号

书名／中华人民共和国地方各级人民代表大会和地方各级人民政府组织法

出版·发行／中国民主法制出版社
地址／北京市丰台区右安门外玉林里 7 号（100069）
电话／（010）63055259（总编室）　63058068　63057714（营销中心）
传真／（010）63055259
http://www.npcpub.com
E-mail:mzfz@npcpub.com
经销／新华书店
开本／32 开　850 毫米×1168 毫米
印张／3.125　**字数** 50 千字
版本／2022 年 3 月第 1 版　2022 年 6 月第 2 次印刷
印刷／三河市宏图印务有限公司

书号／ISBN 978-7-5162-2785-5
定价／12.00 元

目　录

中华人民共和国主席令

第一一〇号

《全国人民代表大会关于修改〈中华人民共和国地方各级人民代表大会和地方各级人民政府组织法〉的决定》已由中华人民共和国第十三届全国人民代表大会第五次会议于 2022 年 3 月 11 日通过，现予公布，自 2022 年 3 月 12 日起施行。

中华人民共和国主席　习近平

2022 年 3 月 11 日

全国人民代表大会关于修改《中华人民共和国地方各级人民代表大会和地方各级人民政府组织法》的决定

（2022 年 3 月 11 日第十三届全国人民代表大会第五次会议通过）

第十三届全国人民代表大会第五次会议决定对《中华人民共和国地方各级人民代表大会和地方各级人民政府组织法》作如下修改：

一、第一章“总则”分为六条，包括第一条至第六条。

二、增加一条，作为第一条：“为了健全地方各级人民代表大会和地方各级人民政府的组织和工作制度，保障和规范其行使职权，坚持和完善人民代表大会制度，保证人民当家作主，根据宪法，制定本法。”

三、将第四条、第四十条第二款、第五十四条合并，作为第二条，修改为：“地方各级人民代表大会是地方国家权力机关。

“县级以上的地方各级人民代表大会常务委员会是本级人民代表大会的常设机关。

“地方各级人民政府是地方各级国家权力机关的执行机关，是地方各级国家行政机关。”

四、增加一条，作为第三条：“地方各级人民代表大会、县级以上的地方各级人民代表大会常务委员会和地方各级人民政府坚持中国共产党的领导，坚持以马克思列宁主义、毛泽东思想、邓小平理论、‘三个代表’重要思想、科学发展观、习近平新时代中国特色社会主义思想为指导，依照宪法和法律规定行使职权。”

五、增加一条，作为第四条：“地方各级人民代表大会、县级以上的地方各级人民代表大会常务委员会和地方各级人民政府坚持以人民为中心，坚持和发展全过程人民民主，始终同人民保持密切联系，倾听人民的意见和建议，为人民服务，对人民负责，受人民监督。”

六、增加一条，作为第五条：“地方各级人民代表大会、县级以上的地方各级人民代表大会常务委员会和地方各级人民政府遵循在中央的统一领导下、充分发挥地方的主动性积极性的原则，保证宪法、法律和行政法规在本行政区域的实施。”

七、增加一条，作为第六条：“地方各级人民代表大会、县级以上的地方各级人民代表大会常务委员会和地方各级人民政府实行民主集中制原则。

“地方各级人民代表大会和县级以上的地方各级人民代表大会常务委员会应当充分发扬民主，集体行使职权。

“地方各级人民政府实行首长负责制。政府工作中的重大事项应当经集体讨论决定。”

八、第二章“地方各级人民代表大会”分为六节：第一节“地方各级人民代表大会的组成和任期”，包括第七条至第九条；第二节“地方各级人民代表大会的职权”，包括第十条至第十三条；第三节“地方各级人民代表大会会议的举行”，包括第十四条至第二十五条；第四节“地方国家机关组成人员的选举、罢免和辞职”，包括第二十六条至第三十二条；第五节“地方各级人民代表大会各委员会”，包括第三十三条至第三十七条；第六节“地方各级人民代表大会代表”，包括第三十八条至第四十五条。

九、将第一条改为两条，作为第七条和第六十一条，修改为：

“第七条　省、自治区、直辖市、自治州、县、自治县、市、市辖区、乡、民族乡、镇设立人民代表大会。

“第六十一条　省、自治区、直辖市、自治州、县、自治县、市、市辖区、乡、民族乡、镇设立人民政府。”

十、将第七条改为第十条，第二款修改为：“设区的市、自治州的人民代表大会根据本行政区域的具体情况和实际需要，在不同宪法、法律、行政法规和本省、自治区的地方性法规相抵触的前提下，可以依照法律规定的权限制定地方性法规，报省、自治区的人民代表大会常务委员会批准后施行，并由省、自治区的人民代表大会常务委员会报全国人民代表大会常务委员会和国务院备案。”

增加一款，作为第三款：“省、自治区、直辖市以及设区的市、自治州的人民代表大会根据区域协调发展的需要，可以开展协同立法。”

十一、将第八条改为第十一条，第二项修改为：“（二）审查和批准本行政区域内的国民经济和社会发展规划纲要、计划和预算及其执行情况的报告，审查监督政府债务，监督本级人民政府对国有资产的管理”。

第三项修改为：“（三）讨论、决定本行政区域内的政治、经济、教育、科学、文化、卫生、生态环境保护、自然资源、城乡建设、民政、社会保障、民族等工作的重大事项和项目”。

第六项修改为：“（六）选举本级监察委员会主任、人民法院院长和人民检察院检察长；选出的人民检察院检察长，须报经上一级人民检察院检察长提请该级人民代表大会常务委员会批准”。

第八项修改为：“（八）听取和审议本级人民代表大会常务委员会的工作报告”。

第九项修改为：“（九）听取和审议本级人民政府和人民法院、人民检察院的工作报告”。

第十四项修改为：“（十四）铸牢中华民族共同体意识，促进各民族广泛交往交流交融，保障少数民族的合法权利和利益”。

十二、将第九条改为第十二条，第一款第三项修改为：“（三）根据国家计划，决定本行政区域内的经济、文化事业和公共事业的建设计划和项目”。

第一款第四项修改为：“（四）审查和批准本行政区域内的预算和预算执行情况的报告，监督本级预算的执行，审查和批准本级预算的调整方案，审查和批准本级决算”。

第一款第八项修改为：“（八）听取和审议乡、民族乡、镇的人民政府的工作报告”。

增加一项，作为第一款第九项：“（九）听取和审议乡、民族乡、镇的人民代表大会主席团的工作报告”。

第一款第十二项改为第十三项，修改为：“（十三）铸牢中华民族共同体意识，促进各民族广泛交往交流交融，保障少数民族的合法权利和利益”。

第二款修改为：“少数民族聚居的乡、民族乡、镇的人民代表大会在行使职权的时候，可以依照法律规定的权限采取适合民族特点的具体措施。”

十三、将第十一条改为第十四条，第一款修改为：“地方各级人民代表大会会议每年至少举行一次。乡、民族乡、镇的人民代表大会会议一般每年举行两次。会议召开的日期由本级人民代表大会常务委员会或者乡、民族乡、镇的人民代表大会主席团决定，并予以公布。”

增加一款，作为第二款：“遇有特殊情况，县级以上的地方各级人民代表大会常务委员会或者乡、民族乡、镇的人民代表大会主席团可以决定适当提前或者推迟召开会议。提前或者推迟召开会议的日期未能在当次会议上决定的，常务委员会或者其授权的主任会议，乡、民族乡、镇的人民代表大会主席团可以另行决定，并予以公布。”

第二款改为第三款，修改为：“县级以上的地方各级人民代表大会常务委员会或者乡、民族乡、镇的人民代表大会主席团认为必要，或者经过五分之一以上代表提议，可以临时召集本级人民代表大会会议。”

增加一款，作为第四款：“地方各级人民代表大会会议有三分之二以上的代表出席，始得举行。”

十四、增加一条，作为第十六条：“地方各级人民代表大会举行会议，应当合理安排会期和会议日程，提高议事质量和效率。”

十五、将第二十二条改为第二十七条，第一款修改为：“人民代表大会常务委员会主任、秘书长，乡、民族乡、镇的人民代表大会主席，人民政府正职领导人员，监察委员会主任，人民法院院长，人民检察院检察长的候选人数可以多一人，进行差额选举；如果提名的候选人只有一人，也可以等额选举。人民代表大会常务委员会副主任，乡、民族乡、镇的人民代表大会副主席，人民政府副职领导人员的候选人数应比应选人数多一人至三人，人民代表大会常务委员会委员的候选人数应比应选人数多十分之一至五分之一，由本级人民代表大会根据应选人数在选举办法中规定具体差额数，进行差额选举。如果提名的候选人数符合选举办法规定的差额数，由主席团提交代表酝酿、讨论后，进行选举。如果提名的候选人数超过选举办法规定的差额数，由主席团提交代表酝酿、讨论后，进行预选，根据在预选中得票多少的顺序，按照选举办法规定的差额数，确定正式候选人名单，进行选举。”

十六、将第二十七条改为第三十二条，第一款修改为：“县级以上的地方各级人民代表大会常务委员会组成人员、专门委员会组成人员和人民政府领导人员，监察委员会主任，人民法院院长，人民检察院检察长，可以向本级人民代表大会提出辞职，由大会决定是否接受辞职；大会闭会期间，可以向本级人民代表大会常务委员会提出辞职，由常务委员会决定是否接受辞职。常务委员会决定接受辞职后，报本级人民代表大会备案。人民检察院检察长的辞职，须报经上一级人民检察院检察长提请该级人民代表大会常务委员会批准。”

十七、将第三十条改为第三十三条、第三十四条、第三十五条，修改为：

“第三十三条　省、自治区、直辖市、自治州、设区的市的人民代表大会根据需要，可以设法制委员会、财政经济委员会、教育科学文化卫生委员会、环境与资源保护委员会、社会建设委员会和其他需要设立的专门委员会；县、自治县、不设区的市、市辖区的人民代表大会根据需要，可以设法制委员会、财政经济委员会等专门委员会。

“各专门委员会受本级人民代表大会领导；在大会闭会期间，受本级人民代表大会常务委员会领导。

“第三十四条　各专门委员会的主任委员、副主任委员和委员的人选，由主席团在代表中提名，大会通过。在大会闭会期间，常务委员会可以任免专门委员会的个别副主任委员和部分委员，由主任会议提名，常务委员会会议通过。

“各专门委员会每届任期同本级人民代表大会每届任期相同，履行职责到下届人民代表大会产生新的专门委员会为止。

“第三十五条　各专门委员会在本级人民代表大会及其常务委员会领导下，开展下列工作：

“（一）审议本级人民代表大会主席团或者常务委员会交付的议案；

“（二）向本级人民代表大会主席团或者常务委员会提出属于本级人民代表大会或者常务委员会职权范围内同本委员会有关的议案，组织起草有关议案草案；

“（三）承担本级人民代表大会常务委员会听取和审议专项工作报告、执法检查、专题询问等的具体组织实施工作；

“（四）按照本级人民代表大会常务委员会工作安排，听取本级人民政府工作部门和监察委员会、人民法院、人民检察院的专题汇报，提出建议；

“（五）对属于本级人民代表大会及其常务委员会职权范围内同本委员会有关的问题，进行调查研究，提出建议；

“（六）研究办理代表建议、批评和意见，负责有关建议、批评和意见的督促办理工作；

“（七）办理本级人民代表大会及其常务委员会交办的其他工作。”

十八、将第十九条改为第四十二条，第一款修改为：“县级以上的地方各级人民代表大会代表向本级人民代表大会及其常务委员会提出的对各方面工作的建议、批评和意见，由本级人民代表大会常务委员会的办事机构交有关机关和组织研究办理并负责答复。”

第二款修改为：“乡、民族乡、镇的人民代表大会代表向本级人民代表大会提出的对各方面工作的建议、批评和意见，由本级人民代表大会主席团交有关机关和组织研究办理并负责答复。”

增加一款，作为第三款：“地方各级人民代表大会代表的建议、批评和意见的办理情况，由县级以上的地方各级人民代表大会常务委员会办事机构或者乡、民族乡、镇的人民代表大会主席团向本级人民代表大会常务委员会或者乡、民族乡、镇的人民代表大会报告，并予以公开。”

十九、将第三十七条改为第四十三条，第一款修改为：“地方各级人民代表大会代表应当与原选区选民或者原选举单位和人民群众保持密切联系，听取和反映他们的意见和要求，充分发挥在发展全过程人民民主中的作用。”

增加一款，作为第四款：“地方各级人民代表大会代表应当向原选区选民或者原选举单位报告履职情况。”

二十、第三章“县级以上的地方各级人民代表大会常务委员会”分为四节：第一节“常务委员会的组成和任期”，包括第四十六条至第四十八条；第二节“常务委员会的职权”，包括第四十九条和第五十条；第三节“常务委员会会议的举行”，包括第五十一条至第五十五条；第四节“常务委员会各委员会和工作机构”，包括第五十六条至第六十条。

二十一、将第二条与第四十条第一款合并，作为第四十六条，修改为："省、自治区、直辖市、自治州、县、自治县、市、市辖区的人民代表大会设立常务委员会，对本级人民代表大会负责并报告工作。"

二十二、将第四十一条改为第四十七条，第三款修改为："常务委员会的组成人员不得担任国家行政机关、监察机关、审判机关和检察机关的职务；如果担任上述职务，必须向常务委员会辞去常务委员会的职务。"

第四款第一项、第二项分别修改为："（一）省、自治区、直辖市四十五人至七十五人，人口超过八千万的省不超过九十五人；

"（二）设区的市、自治州二十九人至五十一人，人口超过八百万的设区的市不超过六十一人"。

第五款修改为："省、自治区、直辖市每届人民代表大会常务委员会组成人员的名额，由省、自治区、直辖市的人民代表大会依照前款规定，按人口多少并结合常务委员会组成人员结构的需要确定。自治州、县、自治县、市、市辖区每届人民代表大会常务委员会组成人员的名额，由省、自治区、直辖市的人民代表大会常务委员会依照前款规定，按人口多少并结合常务委员会组成人员结构的需要确定。每届人民代表大会常务委员会组成人员的名额经确定后，在本届人民代表大会的任期内不再变动。"

二十三、将第四十三条改为第四十九条，第二款修改为："设区的市、自治州的人民代表大会常务委员会在本级人民代表大会闭会期间，根据本行政区域的具体情况和实际需要，在不同宪法、法律、行政法规和本省、自治区的地方性法规相抵触的前提下，可以依照法律规定的权限制定地方性法规，报省、自治区的人民代表大会常务委员会批准后施行，并由省、自治区的人民代表大会常务委员会报全国人民代表大会常务委员会和国务院备案。"

增加一款，作为第三款："省、自治区、直辖市以及设区的市、自治州的人民代表大会常务委员会根据区域协调发展的需要，可以开展协同立法。"

二十四、将第四十四条改为第五十条，第四项修改为："（四）讨论、决定本行政区域内的政治、经济、教育、科学、文化、卫生、生态环境保护、自然资源、城乡建设、民政、社会保障、民族等工作的重大事项和项目"。

第五项修改为："（五）根据本级人民政府的建议，审查和批准本行政区域内的国民经济和社会发展规划纲要、计划和本级预算的调整方案"。

增加一项，作为第六项："（六）监督本行政区域内的国民经济和社会发展规划纲要、计划和预算的执行，审查和批准本级决算，监督审计查出问题整改情况，审查监督政府债务"。

第六项改为第七项，修改为：“（七）监督本级人民政府、监察委员会、人民法院和人民检察院的工作，听取和审议有关专项工作报告，组织执法检查，开展专题询问等；联系本级人民代表大会代表，受理人民群众对上述机关和国家工作人员的申诉和意见”。

增加一项，作为第八项：“（八）监督本级人民政府对国有资产的管理，听取和审议本级人民政府关于国有资产管理情况的报告”。

增加一项，作为第九项：“（九）听取和审议本级人民政府关于年度环境状况和环境保护目标完成情况的报告”。

增加一项，作为第十项：“（十）听取和审议备案审查工作情况报告”。

第九项改为第十三项，修改为：“（十三）在本级人民代表大会闭会期间，决定副省长、自治区副主席、副市长、副州长、副县长、副区长的个别任免；在省长、自治区主席、市长、州长、县长、区长和监察委员会主任、人民法院院长、人民检察院检察长因故不能担任职务的时候，根据主任会议的提名，从本级人民政府、监察委员会、人民法院、人民检察院副职领导人员中决定代理的人选；决定代理检察长，须报上一级人民检察院和人民代表大会常务委员会备案”。

增加一项，作为第十五项：“（十五）根据监察委员会主任的提名，任免监察委员会副主任、委员”。

第十二项改为第十七项，修改为："（十七）在本级人民代表大会闭会期间，决定撤销个别副省长、自治区副主席、副市长、副州长、副县长、副区长的职务；决定撤销由它任命的本级人民政府其他组成人员和监察委员会副主任、委员，人民法院副院长、庭长、副庭长、审判委员会委员、审判员，人民检察院副检察长、检察委员会委员、检察员，中级人民法院院长，人民检察院分院检察长的职务"。

删去第十四项。

增加一款，作为第二款："常务委员会讨论前款第四项规定的本行政区域内的重大事项和项目，可以作出决定或者决议，也可以将有关意见、建议送有关地方国家机关或者单位研究办理。有关办理情况应当及时向常务委员会报告。"

二十五、将第四十五条改为第五十一条，第一款修改为："常务委员会会议由主任召集并主持，每两个月至少举行一次。遇有特殊需要时，可以临时召集常务委员会会议。主任可以委托副主任主持会议。"

增加一款，作为第二款："县级以上的地方各级人民政府、监察委员会、人民法院、人民检察院的负责人，列席本级人民代表大会常务委员会会议。"

增加一款，作为第三款："常务委员会会议有常务委员会全体组成人员过半数出席，始得举行。"

二十六、将第四十八条改为第五十四条，修改为：

“省、自治区、直辖市、自治州、设区的市的人民代表大会常务委员会主任、副主任和秘书长组成主任会议；县、自治县、不设区的市、市辖区的人民代表大会常务委员会主任、副主任组成主任会议。

“主任会议处理常务委员会的重要日常工作：

“（一）决定常务委员会每次会议的会期，拟订会议议程草案，必要时提出调整会议议程的建议；

“（二）对向常务委员会提出的议案和质询案，决定交由有关的专门委员会审议或者提请常务委员会全体会议审议；

“（三）决定是否将议案和决定草案、决议草案提请常务委员会全体会议表决，对暂不交付表决的，提出下一步处理意见；

“（四）通过常务委员会年度工作计划等；

“（五）指导和协调专门委员会的日常工作；

“（六）其他重要日常工作。”

二十七、将第五十条改为第五十六条，第二款修改为：“代表资格审查委员会的主任委员、副主任委员和委员的人选，由常务委员会主任会议在常务委员会组成人员中提名，常务委员会任免。”

二十八、将第五十三条改为第五十九条，第一款修改为：“常务委员会根据工作需要，设立办事机构和法制工作委员会、预算工作委员会、代表工作委员会等工作机构。”

增加一款，作为第四款：“县、自治县的人民代表大会常务委员会可以比照前款规定，在街道设立工作机构。”

二十九、增加一条，作为第六十条：“县级以上的地方各级人民代表大会常务委员会和各专门委员会、工作机构应当建立健全常务委员会组成人员和各专门委员会、工作机构联系代表的工作机制，支持和保障代表依法履职，扩大代表对各项工作的参与，充分发挥代表作用。

“县级以上的地方各级人民代表大会常务委员会通过建立基层联系点、代表联络站等方式，密切同人民群众的联系，听取对立法、监督等工作的意见和建议。”

三十、第四章“地方各级人民政府”分为四节：第一节“一般规定”，包括第六十一条至第六十九条；第二节“地方各级人民政府的组成和任期”，包括第七十条至第七十二条；第三节“地方各级人民政府的职权”，包括第七十三条至第七十八条；第四节“地方各级人民政府的机构设置”，包括第七十九条至第八十八条。

三十一、增加一条，作为第六十二条：“地方各级人民政府应当维护宪法和法律权威，坚持依法行政，建设职能科学、权责法定、执法严明、公开公正、智能高效、廉洁诚信、人民满意的法治政府。”

三十二、增加一条，作为第六十三条：“地方各级人民政府应当坚持以人民为中心，全心全意为人民服务，提高行政效能，建设服务型政府。”

三十三、增加一条，作为第六十四条：“地方各级人民政府应当严格执行廉洁从政各项规定，加强廉政建设，建设廉洁政府。”

三十四、增加一条，作为第六十五条：“地方各级人民政府应当坚持诚信原则，加强政务诚信建设，建设诚信政府。”

三十五、增加一条，作为第六十六条：“地方各级人民政府应当坚持政务公开，全面推进决策、执行、管理、服务、结果公开，依法、及时、准确公开政府信息，推进政务数据有序共享，提高政府工作的透明度。”

三十六、增加一条，作为第六十七条：“地方各级人民政府应当坚持科学决策、民主决策、依法决策，提高决策的质量。”

三十七、增加一条，作为第六十八条：“地方各级人民政府应当依法接受监督，确保行政权力依法正确行使。”

三十八、将第五十五条改为第六十九条，增加一款，作为第三款：“地方各级人民政府实行重大事项请示报告制度。”

三十九、将第五十九条改为第七十三条，第五项修改为：“（五）编制和执行国民经济和社会发展规划纲要、计划和预算，管理本行政区域内的经济、教育、科学、文化、卫生、体育、城乡建设等事业和生态环境保护、自然资源、财政、民政、社会保障、公安、民族事务、司法行政、人口与计划生育等行政工作”。

增加一项，作为第七项：“（七）履行国有资产管理职责”。

第八项改为第九项，修改为：“（九）铸牢中华民族共同体意识，促进各民族广泛交往交流交融，保障少数民族的合法权利和利益，保障少数民族保持或者改革自己的风俗习惯的自由，帮助本行政区域内的民族自治地方依照宪法和法律实行区域自治，帮助各少数民族发展政治、经济和文化的建设事业”。

四十、将第六十条改为第七十四条，第一款修改为：“省、自治区、直辖市的人民政府可以根据法律、行政法规和本省、自治区、直辖市的地方性法规，制定规章，报国务院和本级人民代表大会常务委员会备案。设区的市、自治州的人民政府可以根据法律、行政法规和本省、自治区的地方性法规，依照法律规定的权限制定规章，报国务院和省、自治区的人民代表大会常务委员会、人民政府以及本级人民代表大会常务委员会备案。”

四十一、增加一条，作为第七十五条：“县级以上的地方各级人民政府制定涉及个人、组织权利义务的规范性文件，应当依照法定权限和程序，进行评估论证、公开征求意见、合法性审查、集体讨论决定，并予以公布和备案。”

四十二、将第六十一条改为第七十六条，第二项修改为：“（二）执行本行政区域内的经济和社会发展计划、预算，管理本行政区域内的经济、教育、科学、文化、卫生、体育等事业和生态环境保护、财政、民政、社会保障、公安、司法行政、人口与计划生育等行政工作”。

第五项修改为：“（五）铸牢中华民族共同体意识，促进各民族广泛交往交流交融，保障少数民族的合法权利和利益，保障少数民族保持或者改革自己的风俗习惯的自由”。

四十三、将第六十四条改为第七十九条，第一款修改为：“地方各级人民政府根据工作需要和优化协同高效以及精干的原则，设立必要的工作部门。”

将第三款和第四款合并，作为第三款，修改为：“省、自治区、直辖市的人民政府的厅、局、委员会等工作部门和自治州、县、自治县、市、市辖区的人民政府的局、科等工作部门的设立、增加、减少或者合并，按照规定程序报请批准，并报本级人民代表大会常务委员会备案。”

四十四、增加一条，作为第八十条：“县级以上的地方各级人民政府根据国家区域发展战略，结合地方实际需要，可以共同建立跨行政区划的区域协同发展工作机制，加强区域合作。

“上级人民政府应当对下级人民政府的区域合作工作进行指导、协调和监督。”

四十五、增加一条，作为第八十一条：“县级以上的地方各级人民政府根据应对重大突发事件的需要，可以建立跨部门指挥协调机制。”

四十六、增加一条，作为第八十六条：“街道办事处在本辖区内办理派出它的人民政府交办的公共服务、公共管理、公共安全等工作，依法履行综合管理、统筹协调、应急处置和行政执法等职责，反映居民的意见和要求。”

四十七、增加一条，作为第八十七条：“乡、民族乡、镇的人民政府和市辖区、不设区的市的人民政府或者街道办事处对基层群众性自治组织的工作给予指导、支持和帮助。基层群众性自治组织协助乡、民族乡、镇的人民政府和市辖区、不设区的市的人民政府或者街道办事处开展工作。”

四十八、增加一条，作为第八十八条：“乡、民族乡、镇的人民政府和街道办事处可以根据实际情况建立居民列席有关会议的制度。”

四十九、对部分条文作以下修改：

（一）将第三条改为第八十九条。

（二）在第十条、第十七条、第二十一条第一款和第二款、第二十五条、第二十六条第一款中的“人民法院院长”前增加“监察委员会主任”。

（三）将第二十四条第三款中的“第二十二条”修改为“第二十七条”。

（四）将第二十八条改为第二十四条，在第一款中的“人民法院”前增加“监察委员会”。

（五）将第二十九条改为第二十三条。

（六）在第四十七条第一款中的“本级人民政府”后增加“及其工作部门、监察委员会”。

（七）删去第五十五条第三款。

本决定通过前，省、设区的市级新的一届人民代表大会常务委员会组成人员的名额已经确定的，根据本决定增加相应的名额，并依法进行选举。

本决定自 2022 年 3 月 12 日起施行。

《中华人民共和国地方各级人民代表大会和地方各级人民政府组织法》根据本决定作相应修改并对条文顺序作相应调整，重新公布。

中华人民共和国地方各级人民代表大会和地方各级人民政府组织法

（1979年7月1日第五届全国人民代表大会第二次会议通过　1979年7月4日公布　自1980年1月1日起施行　根据1982年12月10日第五届全国人民代表大会第五次会议《关于修改〈中华人民共和国地方各级人民代表大会和地方各级人民政府组织法〉的若干规定的决议》第一次修正　根据1986年12月2日第六届全国人民代表大会常务委员会第十八次会议《关于修改〈中华人民共和国地方各级人民代表大会和地方各级人民政府组织法〉的决定》第二次修正　根据1995年2月28日第八届全国人民代表大会常务委员会第十二次会

议《关于修改〈中华人民共和国地方各级人民代表大会和地方各级人民政府组织法〉的决定》第三次修正　根据2004年10月27日第十届全国人民代表大会常务委员会第十二次会议《关于修改〈中华人民共和国地方各级人民代表大会和地方各级人民政府组织法〉的决定》第四次修正　根据2015年8月29日第十二届全国人民代表大会常务委员会第十六次会议《关于修改〈中华人民共和国地方各级人民代表大会和地方各级人民政府组织法〉、〈中华人民共和国全国人民代表大会和地方各级人民代表大会选举法〉、〈中华人民共和国全国人民代表大会和地方各级人民代表大会代表法〉的决定》第五次修正　根据2022年3月11日第十三届全国人民代表大会第五次会议《关于修改〈中华人民共和国地方各级人民代表大会和地方各级人民政府组织法〉的决定》第六次修正）

目　　录

第一章　总　　则

第一条　为了健全地方各级人民代表大会和地方各级人民政府的组织和工作制度，保障和规范其行使职权，坚持和完善人民代表大会制度，保证人民当家作主，根据宪法，制定本法。

第二条　地方各级人民代表大会是地方国家权力机关。

县级以上的地方各级人民代表大会常务委员会是本级人民代表大会的常设机关。

地方各级人民政府是地方各级国家权力机关的执行机关，是地方各级国家行政机关。

第三条　地方各级人民代表大会、县级以上的地方各级人民代表大会常务委员会和地方各级人民政府坚持中国共产党的领导，坚持以马克思列宁主义、毛泽东思想、邓小平理论、“三个代表”重要思想、科学发展观、习近平新时代中国特色社会主义思想为指导，依照宪法和法律规定行使职权。

第四条　地方各级人民代表大会、县级以上的地方各级人民代表大会常务委员会和地方各级人民政府坚持以人民为中心，坚持和发展全过程人民民主，始终同人民保持密切联系，倾听人民的意见和建议，为人民服务，对人民负责，受人民监督。

第五条　地方各级人民代表大会、县级以上的地方各级人民代表大会常务委员会和地方各级人民政府遵循在中央的统一领导下、充分发挥地方的主动性积极性的原则，保证宪法、法律和行政法规在本行政区域的实施。

第六条　地方各级人民代表大会、县级以上的地方各级人民代表大会常务委员会和地方各级人民政府实行民主集中制原则。

地方各级人民代表大会和县级以上的地方各级人民代表大会常务委员会应当充分发扬民主，集体行使职权。

地方各级人民政府实行首长负责制。政府工作中的重大事项应当经集体讨论决定。

第二章 地方各级人民代表大会

第一节 地方各级人民代表大会的组成和任期

第七条 省、自治区、直辖市、自治州、县、自治县、市、市辖区、乡、民族乡、镇设立人民代表大会。

第八条 省、自治区、直辖市、自治州、设区的市的人民代表大会代表由下一级的人民代表大会选举；县、自治县、不设区的市、市辖区、乡、民族乡、镇的人民代表大会代表由选民直接选举。

地方各级人民代表大会代表名额和代表产生办法由选举法规定。各行政区域内的少数民族应当有适当的代表名额。

第九条 地方各级人民代表大会每届任期五年。

第二节 地方各级人民代表大会的职权

第十条 省、自治区、直辖市的人民代表大会根据本行政区域的具体情况和实际需要，在不同宪法、法律、行政法规相抵触的前提下，可以制定和颁布地方性法规，报全国人民代表大会常务委员会和国务院备案。

设区的市、自治州的人民代表大会根据本行政区域的具体情况和实际需要，在不同宪法、法律、行政法规和本省、自治区的地方性法规相抵触的前提下，可以依照法律规定的权限制定地方性法规，报省、自治区的人民代表大会常务委员会批准后施行，并由省、自治区的人民代表大会常务委员会报全国人民代表大会常务委员会和国务院备案。

省、自治区、直辖市以及设区的市、自治州的人民代表大会根据区域协调发展的需要，可以开展协同立法。

第十一条　县级以上的地方各级人民代表大会行使下列职权：

（一）在本行政区域内，保证宪法、法律、行政法规和上级人民代表大会及其常务委员会决议的遵守和执行，保证国家计划和国家预算的执行；

（二）审查和批准本行政区域内的国民经济和社会发展规划纲要、计划和预算及其执行情况的报告，审查监督政府债务，监督本级人民政府对国有资产的管理；

（三）讨论、决定本行政区域内的政治、经济、教育、科学、文化、卫生、生态环境保护、自然资源、城乡建设、民政、社会保障、民族等工作的重大事项和项目；

（四）选举本级人民代表大会常务委员会的组成人员；

（五）选举省长、副省长，自治区主席、副主席，市长、副市长，州长、副州长，县长、副县长，区长、副区长；

（六）选举本级监察委员会主任、人民法院院长和人民检察院检察长；选出的人民检察院检察长，须报经上一级人民检察院检察长提请该级人民代表大会常务委员会批准；

（七）选举上一级人民代表大会代表；

（八）听取和审议本级人民代表大会常务委员会的工作报告；

（九）听取和审议本级人民政府和人民法院、人民检察院的工作报告；

（十）改变或者撤销本级人民代表大会常务委员会的不适当的决议；

（十一）撤销本级人民政府的不适当的决定和命令；

（十二）保护社会主义的全民所有的财产和劳动群众集体所有的财产，保护公民私人所有的合法财产，维护社会秩序，保障公民的人身权利、民主权利和其他权利；

（十三）保护各种经济组织的合法权益；

（十四）铸牢中华民族共同体意识，促进各民族广泛交往交流交融，保障少数民族的合法权利和利益；

（十五）保障宪法和法律赋予妇女的男女平等、同工同酬和婚姻自由等各项权利。

第十二条　乡、民族乡、镇的人民代表大会行使下列职权：

（一）在本行政区域内，保证宪法、法律、行政法规和上级人民代表大会及其常务委员会决议的遵守和执行；

（二）在职权范围内通过和发布决议；

（三）根据国家计划，决定本行政区域内的经济、文化事业和公共事业的建设计划和项目；

（四）审查和批准本行政区域内的预算和预算执行情况的报告，监督本级预算的执行，审查和批准本级预算的调整方案，审查和批准本级决算；

（五）决定本行政区域内的民政工作的实施计划；

（六）选举本级人民代表大会主席、副主席；

（七）选举乡长、副乡长，镇长、副镇长；

（八）听取和审议乡、民族乡、镇的人民政府的工作报告；

（九）听取和审议乡、民族乡、镇的人民代表大会主席团的工作报告；

（十）撤销乡、民族乡、镇的人民政府的不适当的决定和命令；

（十一）保护社会主义的全民所有的财产和劳动群众集体所有的财产，保护公民私人所有的合法财产，维护社会秩序，保障公民的人身权利、民主权利和其他权利；

（十二）保护各种经济组织的合法权益；

（十三）铸牢中华民族共同体意识，促进各民族广泛交往交流交融，保障少数民族的合法权利和利益；

（十四）保障宪法和法律赋予妇女的男女平等、同工同酬和婚姻自由等各项权利。

少数民族聚居的乡、民族乡、镇的人民代表大会在行使职权的时候，可以依照法律规定的权限采取适合民族特点的具体措施。

第十三条 地方各级人民代表大会有权罢免本级人民政府的组成人员。县级以上的地方各级人民代表大会有权罢免本级人民代表大会常务委员会的组成人员和由它选出的监察委员会主任、人民法院院长、人民检察院检察长。罢免人民检察院检察长，须报经上一级人民检察院检察长提请该级人民代表大会常务委员会批准。

第三节 地方各级人民代表大会会议的举行

第十四条 地方各级人民代表大会会议每年至少举行一次。乡、民族乡、镇的人民代表大会会议一般每年举行两次。会议召开的日期由本级人民代表大会常务委员会或者乡、民族乡、镇的人民代表大会主席团决定，并予以公布。

遇有特殊情况，县级以上的地方各级人民代表大会常务委员会或者乡、民族乡、镇的人民代表大会主席团可以决定适当提前或者推迟召开会议。提前或者推迟召开会议的日期未能在当次会议上决定的，常务委员会或者其授权的主任会议，乡、民族乡、镇的人民代表大会主席团可以另行决定，并予以公布。

县级以上的地方各级人民代表大会常务委员会或者乡、民族乡、镇的人民代表大会主席团认为必要，或者经过五分之一以上代表提议，可以临时召集本级人民代表大会会议。

地方各级人民代表大会会议有三分之二以上的代表出席，始得举行。

第十五条 县级以上的地方各级人民代表大会会议由本级人民代表大会常务委员会召集。

第十六条 地方各级人民代表大会举行会议，应当合理安排会期和会议日程，提高议事质量和效率。

第十七条 县级以上的地方各级人民代表大会每次会议举行预备会议，选举本次会议的主席团和秘书长，通过本次会议的议程和其他准备事项的决定。

预备会议由本级人民代表大会常务委员会主持。每届人民代表大会第一次会议的预备会议，由上届本级人民代表大会常务委员会主持。

县级以上的地方各级人民代表大会举行会议的时候，由主席团主持会议。

县级以上的地方各级人民代表大会会议设副秘书长若干人；副秘书长的人选由主席团决定。

第十八条 乡、民族乡、镇的人民代表大会设主席，并可以设副主席一人至二人。主席、副主席由本级人民代表大会从代表中选出，任期同本级人民代表大会每届任期相同。

乡、民族乡、镇的人民代表大会主席、副主席不得担任国家行政机关的职务；如果担任国家行政机关的职务，必须向本级人民代表大会辞去主席、副主席的职务。

乡、民族乡、镇的人民代表大会主席、副主席在本级人民代表大会闭会期间负责联系本级人民代表大会代表，根据主席团的安排组织代表开展活动，反映代表和群众对本级人民政府工作的建议、批评和意见，并负责处理主席团的日常工作。

第十九条 乡、民族乡、镇的人民代表大会举行会议的时候，选举主席团。由主席团主持会议，并负责召集下一次的本级人民代表大会会议。乡、民族乡、镇的人民代表大会主席、副主席为主席团的成员。

主席团在本级人民代表大会闭会期间，每年选择若干关系本地区群众切身利益和社会普遍关注的问题，有计划地安排代表听取和讨论本级人民政府的专项工作报告，对法律、法规实施情况进行检查，开展视察、调研等活动；听取和反映代表和群众对本级人民政府工作的建议、批评和意见。主席团在闭会期间的工作，向本级人民代表大会报告。

第二十条 地方各级人民代表大会每届第一次会议，在本届人民代表大会代表选举完成后的两个月内，由上届本级人民代表大会常务委员会或者乡、民族乡、镇的上次人民代表大会主席团召集。

第二十一条 县级以上的地方各级人民政府组成人员和监察委员会主任、人民法院院长、人民检察院检察长，乡级的人民政府领导人员，列席本级人民代表大会会议；县级以上的其他有关机关、团体负责人，经本级人民代表大会常务委员会决定，可以列席本级人民代表大会会议。

第二十二条 地方各级人民代表大会举行会议的时候，主席团、常务委员会、各专门委员会、本级人民政府，可以向本级人民代表大会提出属于本级人民代表大会职权范围内的议案，由主席团决定提交人民代表大会会议审议，或者并交有关的专门委员会审议、提出报告，再由主席团审议决定提交大会表决。

县级以上的地方各级人民代表大会代表十人以上联名，乡、民族乡、镇的人民代表大会代表五人以上联名，可以向本级人民代表大会提出属于本级人民代表大会职权范围内的议案，由主席团决定是否列入大会议程，或者先交有关的专门委员会审议，提出是否列入大会议程的意见，再由主席团决定是否列入大会议程。

列入会议议程的议案，在交付大会表决前，提案人要求撤回的，经主席团同意，会议对该项议案的审议即行终止。

第二十三条 在地方各级人民代表大会审议议案的时候，代表可以向有关地方国家机关提出询问，由有关机关派人说明。

第二十四条 地方各级人民代表大会举行会议的时候，代表十人以上联名可以书面提出对本级人民政府和它所属各工作部门以及监察委员会、人民法院、人民检察院的质询案。质询案必须写明质询对象、质询的问题和内容。

质询案由主席团决定交由受质询机关在主席团会议、大会全体会议或者有关的专门委员会会议上口头答复，或者由受质询机关书面答复。在主席团会议或者专门委员会会议上答复的，提质询案的代表有权列席会议，发表意见；主席团认为必要的时候，可以将答复质询案的情况报告印发会议。

质询案以口头答复的，应当由受质询机关的负责人到会答复；质询案以书面答复的，应当由受质询机关的负责人签署，由主席团印发会议或者印发提质询案的代表。

第二十五条　地方各级人民代表大会进行选举和通过决议，以全体代表的过半数通过。

第四节　地方国家机关组成人员的选举、罢免和辞职

第二十六条　县级以上的地方各级人民代表大会常务委员会的组成人员，乡、民族乡、镇的人民代表大会主席、副主席，省长、副省长，自治区主席、副主席，市长、副市长，州长、副州长，县长、副县长，区长、副区长，乡长、副乡长，镇长、副镇长，监察委员会主任，人民法院院长，人民检察院检察长的人选，由本级人民代表大会主席团或者代表依照本法规定联合提名。

省、自治区、直辖市的人民代表大会代表三十人以上书面联名，设区的市和自治州的人民代表大会代表二十人以上书面联名，县级的人民代表大会代表十人以上书面联名，可以提出本级人民代表大会常务委员会组成人员，人民政府领导人员，监察委员会主任，人民法院院长，人民检察院检察长的候选人。乡、民族乡、镇的人民代表大会代表十人以上书面联名，可以提出本级人民代表大会主席、副主席，人民政府领导人员的候选人。不同选区或者选举单位选出的代表可以酝酿、联合提出候选人。

主席团提名的候选人人数，每一代表与其他代表联合提名的候选人人数，均不得超过应选名额。

提名人应当如实介绍所提名的候选人的情况。

第二十七条 人民代表大会常务委员会主任、秘书长，乡、民族乡、镇的人民代表大会主席，人民政府正职领导人员，监察委员会主任，人民法院院长，人民检察院检察长的候选人数可以多一人，进行差额选举；如果提名的候选人只有一人，也可以等额选举。人民代表大会常务委员会副主任，乡、民族乡、镇的人民代表大会副主席，人民政府副职领导人员的候选人数应比应选人数多一人至三人，人民代表大会常务委员会委员的候选人数应比应选人数多十分之一至五分之一，由本级人民代表大会根据应选人数在选举办法中规定具体差额数，进行差额选举。如果提名的候选人数符合选举办法规定的差额数，由主席团提交代表酝酿、讨论后，进行选举。如果提名的候选人数超过选举办法规定的差额数，由主席团提交代表酝酿、讨论后，进行预选，根据在预选中得票多少的顺序，按照选举办法规定的差额数，确定正式候选人名单，进行选举。

县级以上的地方各级人民代表大会换届选举本级国家机关领导人员时，提名、酝酿候选人的时间不得少于两天。

第二十八条 选举采用无记名投票方式。代表对于确定的候选人，可以投赞成票，可以投反对票，可以另选其他任何代表或者选民，也可以弃权。

第二十九条 地方各级人民代表大会选举本级国家机关领导人员，获得过半数选票的候选人人数超过应选名额时，以得票多的当选。如遇票数相等不能确定当选人时，应当就票数相等的人再次投票，以得票多的当选。

获得过半数选票的当选人数少于应选名额时，不足的名额另行选举。另行选举时，可以根据在第一次投票时得票多少的顺序确定候选人，也可以依照本法规定的程序另行提名、确定候选人。经本级人民代表大会决定，不足的名额的另行选举可以在本次人民代表大会会议上进行，也可以在下一次人民代表大会会议上进行。

另行选举人民代表大会常务委员会副主任、委员，乡、民族乡、镇的人民代表大会副主席，人民政府副职领导人员时，依照本法第二十七条第一款的规定，确定差额数，进行差额选举。

第三十条　地方各级人民代表大会补选常务委员会主任、副主任、秘书长、委员，乡、民族乡、镇的人民代表大会主席、副主席，省长、副省长，自治区主席、副主席，市长、副市长，州长、副州长，县长、副县长，区长、副区长，乡长、副乡长，镇长、副镇长，监察委员会主任，人民法院院长，人民检察院检察长时，候选人数可以多于应选人数，也可以同应选人数相等。选举办法由本级人民代表大会决定。

第三十一条　县级以上的地方各级人民代表大会举行会议的时候，主席团、常务委员会或者十分之一以上代表联名，可以提出对本级人民代表大会常务委员会组成人员、人民政府组成人员、监察委员会主任、人民法院院长、人民检察院检察长的罢免案，由主席团提请大会审议。

乡、民族乡、镇的人民代表大会举行会议的时候，主席团或者五分之一以上代表联名，可以提出对人民代表大会主席、副主席，乡长、副乡长，镇长、副镇长的罢免案，由主席团提请大会审议。

罢免案应当写明罢免理由。

被提出罢免的人员有权在主席团会议或者大会全体会议上提出申辩意见，或者书面提出申辩意见。在主席团会议上提出的申辩意见或者书面提出的申辩意见，由主席团印发会议。

向县级以上的地方各级人民代表大会提出的罢免案，由主席团交会议审议后，提请全体会议表决；或者由主席团提议，经全体会议决定，组织调查委员会，由本级人民代表大会下次会议根据调查委员会的报告审议决定。

第三十二条 县级以上的地方各级人民代表大会常务委员会组成人员、专门委员会组成人员和人民政府领导人员，监察委员会主任，人民法院院长，人民检察院检察长，可以向本级人民代表大会提出辞职，由大会决定是否接受辞职；大会闭会期间，可以向本级人民代表大会常务委员会提出辞职，由常务委员会决定是否接受辞职。常务委员会决定接受辞职后，报本级人民代表大会备案。人民检察院检察长的辞职，须报经上一级人民检察院检察长提请该级人民代表大会常务委员会批准。

乡、民族乡、镇的人民代表大会主席、副主席，乡长、副乡长，镇长、副镇长，可以向本级人民代表大会提出辞职，由大会决定是否接受辞职。

第五节　地方各级人民代表大会各委员会

第三十三条　省、自治区、直辖市、自治州、设区的市的人民代表大会根据需要，可以设法制委员会、财政经济委员会、教育科学文化卫生委员会、环境与资源保护委员会、社会建设委员会和其他需要设立的专门委员会；县、自治县、不设区的市、市辖区的人民代表大会根据需要，可以设法制委员会、财政经济委员会等专门委员会。

各专门委员会受本级人民代表大会领导；在大会闭会期间，受本级人民代表大会常务委员会领导。

第三十四条　各专门委员会的主任委员、副主任委员和委员的人选，由主席团在代表中提名，大会通过。在大会闭会期间，常务委员会可以任免专门委员会的个别副主任委员和部分委员，由主任会议提名，常务委员会会议通过。

各专门委员会每届任期同本级人民代表大会每届任期相同，履行职责到下届人民代表大会产生新的专门委员会为止。

第三十五条　各专门委员会在本级人民代表大会及其常务委员会领导下，开展下列工作：

（一）审议本级人民代表大会主席团或者常务委员会交付的议案；

（二）向本级人民代表大会主席团或者常务委员会提出属于本级人民代表大会或者常务委员会职权范围内同本委员会有关的议案，组织起草有关议案草案；

（三）承担本级人民代表大会常务委员会听取和审议专项工作报告、执法检查、专题询问等的具体组织实施工作；

（四）按照本级人民代表大会常务委员会工作安排，听取本级人民政府工作部门和监察委员会、人民法院、人民检察院的专题汇报，提出建议；

（五）对属于本级人民代表大会及其常务委员会职权范围内同本委员会有关的问题，进行调查研究，提出建议；

（六）研究办理代表建议、批评和意见，负责有关建议、批评和意见的督促办理工作；

（七）办理本级人民代表大会及其常务委员会交办的其他工作。

第三十六条　县级以上的地方各级人民代表大会可以组织关于特定问题的调查委员会。

主席团或者十分之一以上代表书面联名，可以向本级人民代表大会提议组织关于特定问题的调查委员会，由主席团提请全体会议决定。

调查委员会由主任委员、副主任委员和委员组成，由主席团在代表中提名，提请全体会议通过。

调查委员会应当向本级人民代表大会提出调查报告。人民代表大会根据调查委员会的报告，可以作出相应的决议。人民代表大会可以授权它的常务委员会听取调查委员会的调查报告，常务委员会可以作出相应的决议，报人民代表大会下次会议备案。

第三十七条　乡、民族乡、镇的每届人民代表大会第一次会议通过的代表资格审查委员会，行使职权至本届人民代表大会任期届满为止。

第六节　地方各级人民代表大会代表

第三十八条　地方各级人民代表大会代表任期，从每届本级人民代表大会举行第一次会议开始，到下届本级人民代表大会举行第一次会议为止。

第三十九条　地方各级人民代表大会代表、常务委员会组成人员，在人民代表大会和常务委员会会议上的发言和表决，不受法律追究。

第四十条　县级以上的地方各级人民代表大会代表，非经本级人民代表大会主席团许可，在大会闭会期间，非经本级人民代表大会常务委员会许可，不受逮捕或者刑事审判。如果因为是现行犯被拘留，执行拘留的公安机关应当立即向该级人民代表大会主席团或者常务委员会报告。

第四十一条　地方各级人民代表大会代表在出席人民代表大会会议和执行代表职务的时候，国家根据需要给予往返的旅费和必要的物质上的便利或者补贴。

第四十二条　县级以上的地方各级人民代表大会代表向本级人民代表大会及其常务委员会提出的对各方面工作的建议、批评和意见，由本级人民代表大会常务委员会的办事机构交有关机关和组织研究办理并负责答复。

乡、民族乡、镇的人民代表大会代表向本级人民代表大会提出的对各方面工作的建议、批评和意见，由本级人民代表大会主席团交有关机关和组织研究办理并负责答复。

地方各级人民代表大会代表的建议、批评和意见的办理情况，由县级以上的地方各级人民代表大会常务委员会办事机构或者乡、民族乡、镇的人民代表大会主席团向本级人民代表大会常务委员会或者乡、民族乡、镇的人民代表大会报告，并予以公开。

第四十三条　地方各级人民代表大会代表应当与原选区选民或者原选举单位和人民群众保持密切联系，听取和反映他们的意见和要求，充分发挥在发展全过程人民民主中的作用。

省、自治区、直辖市、自治州、设区的市的人民代表大会代表可以列席原选举单位的人民代表大会会议。

县、自治县、不设区的市、市辖区、乡、民族乡、镇的人民代表大会代表分工联系选民，有代表三人以上的居民地区或者生产单位可以组织代表小组。

地方各级人民代表大会代表应当向原选区选民或者原选举单位报告履职情况。

第四十四条　省、自治区、直辖市、自治州、设区的市的人民代表大会代表受原选举单位的监督；县、自治县、不设区的市、市辖区、乡、民族乡、镇的人民代表大会代表受选民的监督。

地方各级人民代表大会代表的选举单位和选民有权随时罢免自己选出的代表。代表的罢免必须由原选举单位以全体代表的过半数通过，或者由原选区以选民的过半数通过。

第四十五条　地方各级人民代表大会代表因故不能担任代表职务的时候，由原选举单位或者由原选区选民补选。

第三章　县级以上的地方各级人民代表大会常务委员会

第一节　常务委员会的组成和任期

第四十六条　省、自治区、直辖市、自治州、县、自治县、市、市辖区的人民代表大会设立常务委员会，对本级人民代表大会负责并报告工作。

第四十七条 省、自治区、直辖市、自治州、设区的市的人民代表大会常务委员会由本级人民代表大会在代表中选举主任、副主任若干人、秘书长、委员若干人组成。

县、自治县、不设区的市、市辖区的人民代表大会常务委员会由本级人民代表大会在代表中选举主任、副主任若干人和委员若干人组成。

常务委员会的组成人员不得担任国家行政机关、监察机关、审判机关和检察机关的职务；如果担任上述职务，必须向常务委员会辞去常务委员会的职务。

常务委员会组成人员的名额：

（一）省、自治区、直辖市四十五人至七十五人，人口超过八千万的省不超过九十五人；

（二）设区的市、自治州二十九人至五十一人，人口超过八百万的设区的市不超过六十一人；

（三）县、自治县、不设区的市、市辖区十五人至三十五人，人口超过一百万的县、自治县、不设区的市、市辖区不超过四十五人。

省、自治区、直辖市每届人民代表大会常务委员会组成人员的名额，由省、自治区、直辖市的人民代表大会依照前款规定，按人口多少并结合常务委员会组成人员结构的需要确定。自治州、县、自治县、市、市辖区每届人民代表大会常务委员会组成人员的名额，由省、自治区、直辖市的人民代表大会常务委员会依照前款规定，按人口多少并结合常务委员会组成人员结构的需要确定。每届人民代表大会常务委员会组成人员的名额经确定后，在本届人民代表大会的任期内不再变动。

第四十八条　县级以上的地方各级人民代表大会常务委员会每届任期同本级人民代表大会每届任期相同，它行使职权到下届本级人民代表大会选出新的常务委员会为止。

第二节　常务委员会的职权

第四十九条　省、自治区、直辖市的人民代表大会常务委员会在本级人民代表大会闭会期间，根据本行政区域的具体情况和实际需要，在不同宪法、法律、行政法规相抵触的前提下，可以制定和颁布地方性法规，报全国人民代表大会常务委员会和国务院备案。

设区的市、自治州的人民代表大会常务委员会在本级人民代表大会闭会期间，根据本行政区域的具体情况和实际需要，在不同宪法、法律、行政法规和本省、自治区的地方性法规相抵触的前提下，可以依照法律规定的权限制定地方性法规，报省、自治区的人民代表大会常务委员会批准后施行，并由省、自治区的人民代表大会常务委员会报全国人民代表大会常务委员会和国务院备案。

省、自治区、直辖市以及设区的市、自治州的人民代表大会常务委员会根据区域协调发展的需要，可以开展协同立法。

第五十条 县级以上的地方各级人民代表大会常务委员会行使下列职权：

（一）在本行政区域内，保证宪法、法律、行政法规和上级人民代表大会及其常务委员会决议的遵守和执行；

（二）领导或者主持本级人民代表大会代表的选举；

（三）召集本级人民代表大会会议；

（四）讨论、决定本行政区域内的政治、经济、教育、科学、文化、卫生、生态环境保护、自然资源、城乡建设、民政、社会保障、民族等工作的重大事项和项目；

（五）根据本级人民政府的建议，审查和批准本行政区域内的国民经济和社会发展规划纲要、计划和本级预算的调整方案；

（六）监督本行政区域内的国民经济和社会发展规划纲要、计划和预算的执行，审查和批准本级决算，监督审计查出问题整改情况，审查监督政府债务；

（七）监督本级人民政府、监察委员会、人民法院和人民检察院的工作，听取和审议有关专项工作报告，组织执法检查，开展专题询问等；联系本级人民代表大会代表，受理人民群众对上述机关和国家工作人员的申诉和意见；

（八）监督本级人民政府对国有资产的管理，听取和审议本级人民政府关于国有资产管理情况的报告；

（九）听取和审议本级人民政府关于年度环境状况和环境保护目标完成情况的报告；

（十）听取和审议备案审查工作情况报告；

（十一）撤销下一级人民代表大会及其常务委员会的不适当的决议；

（十二）撤销本级人民政府的不适当的决定和命令；

（十三）在本级人民代表大会闭会期间，决定副省长、自治区副主席、副市长、副州长、副县长、副区长的个别任免；在省长、自治区主席、市长、州长、县长、区长和监察委员会主任、人民法院院长、人民检察院检察长因故不能担任职务的时候，根据主任会议的提名，从本级人民政府、监察委员会、人民法院、人民检察院副职领导人员中决定代理的人选；决定代理检察长，须报上一级人民检察院和人民代表大会常务委员会备案；

（十四）根据省长、自治区主席、市长、州长、县长、区长的提名，决定本级人民政府秘书长、厅长、局长、委员会主任、科长的任免，报上一级人民政府备案；

（十五）根据监察委员会主任的提名，任免监察委员会副主任、委员；

（十六）按照人民法院组织法和人民检察院组织法的规定，任免人民法院副院长、庭长、副庭长、审判委员会委员、审判员，任免人民检察院副检察长、检察委员会委员、检察员，批准任免下一级人民检察院检察长；省、自治区、直辖市的人民代表大会常务委员会根据主任会议的提名，决定在省、自治区内按地区设立的和在直辖市内设立的中级人民法院院长的任免，根据省、自治区、直辖市的人民检察院检察长的提名，决定人民检察院分院检察长的任免；

（十七）在本级人民代表大会闭会期间，决定撤销个别副省长、自治区副主席、副市长、副州长、副县长、副区长的职务；决定撤销由它任命的本级人民政府其他组成人员和监察委员会副主任、委员，人民法院副院长、庭长、副庭长、审判委员会委员、审判员，人民检察院副检察长、检察委员会委员、检察员，中级人民法院院长，人民检察院分院检察长的职务；

（十八）在本级人民代表大会闭会期间，补选上一级人民代表大会出缺的代表和罢免个别代表。

常务委员会讨论前款第四项规定的本行政区域内的重大事项和项目，可以作出决定或者决议，也可以将有关意见、建议送有关地方国家机关或者单位研究办理。有关办理情况应当及时向常务委员会报告。

第三节　常务委员会会议的举行

第五十一条　常务委员会会议由主任召集并主持，每两个月至少举行一次。遇有特殊需要时，可以临时召集常务委员会会议。主任可以委托副主任主持会议。

县级以上的地方各级人民政府、监察委员会、人民法院、人民检察院的负责人，列席本级人民代表大会常务委员会会议。

常务委员会会议有常务委员会全体组成人员过半数出席，始得举行。

常务委员会的决议，由常务委员会以全体组成人员的过半数通过。

第五十二条　县级以上的地方各级人民代表大会常务委员会主任会议可以向本级人民代表大会常务委员会提出属于常务委员会职权范围内的议案，由常务委员会会议审议。

县级以上的地方各级人民政府、人民代表大会各专门委员会，可以向本级人民代表大会常务委员会提出属于常务委员会职权范围内的议案，由主任会议决定提请常务委员会会议审议，或者先交有关的专门委员会审议、提出报告，再提请常务委员会会议审议。

省、自治区、直辖市、自治州、设区的市的人民代表大会常务委员会组成人员五人以上联名，县级的人民代表大会常务委员会组成人员三人以上联名，可以向本级常务委员会提出属于常务委员会职权范围内的议案，由主任会议决定是否提请常务委员会会议审议，或者先交有关的专门委员会审议、提出报告，再决定是否提请常务委员会会议审议。

第五十三条　在常务委员会会议期间，省、自治区、直辖市、自治州、设区的市的人民代表大会常务委员会组成人员五人以上联名，县级的人民代表大会常务委员会组成人员三人以上联名，可以向常务委员会书面提出对本级人民政府及其工作部门、监察委员会、人民法院、人民检察院的质询案。质询案必须写明质询对象、质询的问题和内容。

质询案由主任会议决定交由受质询机关在常务委员会全体会议上或者有关的专门委员会会议上口头答复，或者由受质询机关书面答复。在专门委员会会议上答复的，提质询案的常务委员会组成人员有权列席会议，发表意见；主任会议认为必要的时候，可以将答复质询案的情况报告印发会议。

质询案以口头答复的，应当由受质询机关的负责人到会答复；质询案以书面答复的，应当由受质询机关的负责人签署，由主任会议印发会议或者印发提质询案的常务委员会组成人员。

第五十四条　省、自治区、直辖市、自治州、设区的市的人民代表大会常务委员会主任、副主任和秘书长组成主任会议；县、自治县、不设区的市、市辖区的人民代表大会常务委员会主任、副主任组成主任会议。

主任会议处理常务委员会的重要日常工作：

（一）决定常务委员会每次会议的会期，拟订会议议程草案，必要时提出调整会议议程的建议；

（二）对向常务委员会提出的议案和质询案，决定交由有关的专门委员会审议或者提请常务委员会全体会议审议；

（三）决定是否将议案和决定草案、决议草案提请常务委员会全体会议表决，对暂不交付表决的，提出下一步处理意见；

（四）通过常务委员会年度工作计划等；

（五）指导和协调专门委员会的日常工作；

（六）其他重要日常工作。

第五十五条　常务委员会主任因为健康情况不能工作或者缺位的时候，由常务委员会在副主任中推选一人代理主任的职务，直到主任恢复健康或者人民代表大会选出新的主任为止。

第四节　常务委员会各委员会和工作机构

第五十六条　县级以上的地方各级人民代表大会常务委员会设立代表资格审查委员会。

代表资格审查委员会的主任委员、副主任委员和委员的人选，由常务委员会主任会议在常务委员会组成人员中提名，常务委员会任免。

第五十七条　代表资格审查委员会审查代表的选举是否符合法律规定。

第五十八条　主任会议或者五分之一以上的常务委员会组成人员书面联名，可以向本级人民代表大会常务委员会提议组织关于特定问题的调查委员会，由全体会议决定。

调查委员会由主任委员、副主任委员和委员组成，由主任会议在常务委员会组成人员和其他代表中提名，提请全体会议通过。

调查委员会应当向本级人民代表大会常务委员会提出调查报告。常务委员会根据调查委员会的报告，可以作出相应的决议。

第五十九条　常务委员会根据工作需要，设立办事机构和法制工作委员会、预算工作委员会、代表工作委员会等工作机构。

省、自治区的人民代表大会常务委员会可以在地区设立工作机构。

市辖区、不设区的市的人民代表大会常务委员会可以在街道设立工作机构。工作机构负责联系街道辖区内的人民代表大会代表，组织代表开展活动，反映代表和群众的建议、批评和意见，办理常务委员会交办的监督、选举以及其他工作，并向常务委员会报告工作。

县、自治县的人民代表大会常务委员会可以比照前款规定，在街道设立工作机构。

第六十条　县级以上的地方各级人民代表大会常务委员会和各专门委员会、工作机构应当建立健全常务委员会组成人员和各专门委员会、工作机构联系代表的工作机制，支持和保障代表依法履职，扩大代表对各项工作的参与，充分发挥代表作用。

县级以上的地方各级人民代表大会常务委员会通过建立基层联系点、代表联络站等方式，密切同人民群众的联系，听取对立法、监督等工作的意见和建议。

第四章　地方各级人民政府

第一节　一般规定

第六十一条　省、自治区、直辖市、自治州、县、自治县、市、市辖区、乡、民族乡、镇设立人民政府。

第六十二条　地方各级人民政府应当维护宪法和法律权威，坚持依法行政，建设职能科学、权责法定、执法严明、公开公正、智能高效、廉洁诚信、人民满意的法治政府。

第六十三条　地方各级人民政府应当坚持以人民为中心，全心全意为人民服务，提高行政效能，建设服务型政府。

第六十四条　地方各级人民政府应当严格执行廉洁从政各项规定，加强廉政建设，建设廉洁政府。

第六十五条　地方各级人民政府应当坚持诚信原则，加强政务诚信建设，建设诚信政府。

第六十六条　地方各级人民政府应当坚持政务公开，全面推进决策、执行、管理、服务、结果公开，依法、及时、准确公开政府信息，推进政务数据有序共享，提高政府工作的透明度。

第六十七条 地方各级人民政府应当坚持科学决策、民主决策、依法决策，提高决策的质量。

第六十八条 地方各级人民政府应当依法接受监督，确保行政权力依法正确行使。

第六十九条 地方各级人民政府对本级人民代表大会和上一级国家行政机关负责并报告工作。县级以上的地方各级人民政府在本级人民代表大会闭会期间，对本级人民代表大会常务委员会负责并报告工作。

全国地方各级人民政府都是国务院统一领导下的国家行政机关，都服从国务院。

地方各级人民政府实行重大事项请示报告制度。

第二节 地方各级人民政府的组成和任期

第七十条 省、自治区、直辖市、自治州、设区的市的人民政府分别由省长、副省长，自治区主席、副主席，市长、副市长，州长、副州长和秘书长、厅长、局长、委员会主任等组成。

县、自治县、不设区的市、市辖区的人民政府分别由县长、副县长，市长、副市长，区长、副区长和局长、科长等组成。

乡、民族乡的人民政府设乡长、副乡长。民族乡的乡长由建立民族乡的少数民族公民担任。镇人民政府设镇长、副镇长。

第七十一条 新的一届人民政府领导人员依法选举产生后，应当在两个月内提请本级人民代表大会常务委员会任命人民政府秘书长、厅长、局长、委员会主任、科长。

第七十二条 地方各级人民政府每届任期五年。

第三节 地方各级人民政府的职权

第七十三条 县级以上的地方各级人民政府行使下列职权：

（一）执行本级人民代表大会及其常务委员会的决议，以及上级国家行政机关的决定和命令，规定行政措施，发布决定和命令；

（二）领导所属各工作部门和下级人民政府的工作；

（三）改变或者撤销所属各工作部门的不适当的命令、指示和下级人民政府的不适当的决定、命令；

（四）依照法律的规定任免、培训、考核和奖惩国家行政机关工作人员；

（五）编制和执行国民经济和社会发展规划纲要、计划和预算，管理本行政区域内的经济、教育、科学、文化、卫生、体育、城乡建设等事业和生态环境保护、自然资源、财政、民政、社会保障、公安、民族事务、司法行政、人口与计划生育等行政工作；

（六）保护社会主义的全民所有的财产和劳动群众

集体所有的财产，保护公民私人所有的合法财产，维护社会秩序，保障公民的人身权利、民主权利和其他权利；

（七）履行国有资产管理职责；

（八）保护各种经济组织的合法权益；

（九）铸牢中华民族共同体意识，促进各民族广泛交往交流交融，保障少数民族的合法权利和利益，保障少数民族保持或者改革自己的风俗习惯的自由，帮助本行政区域内的民族自治地方依照宪法和法律实行区域自治，帮助各少数民族发展政治、经济和文化的建设事业；

（十）保障宪法和法律赋予妇女的男女平等、同工同酬和婚姻自由等各项权利；

（十一）办理上级国家行政机关交办的其他事项。

第七十四条 省、自治区、直辖市的人民政府可以根据法律、行政法规和本省、自治区、直辖市的地方性法规，制定规章，报国务院和本级人民代表大会常务委员会备案。设区的市、自治州的人民政府可以根据法律、行政法规和本省、自治区的地方性法规，依照法律规定的权限制定规章，报国务院和省、自治区的人民代表大会常务委员会、人民政府以及本级人民代表大会常务委员会备案。

依照前款规定制定规章，须经各该级政府常务会议或者全体会议讨论决定。

第七十五条　县级以上的地方各级人民政府制定涉及个人、组织权利义务的规范性文件，应当依照法定权限和程序，进行评估论证、公开征求意见、合法性审查、集体讨论决定，并予以公布和备案。

第七十六条　乡、民族乡、镇的人民政府行使下列职权：

（一）执行本级人民代表大会的决议和上级国家行政机关的决定和命令，发布决定和命令；

（二）执行本行政区域内的经济和社会发展计划、预算，管理本行政区域内的经济、教育、科学、文化、卫生、体育等事业和生态环境保护、财政、民政、社会保障、公安、司法行政、人口与计划生育等行政工作；

（三）保护社会主义的全民所有的财产和劳动群众集体所有的财产，保护公民私人所有的合法财产，维护社会秩序，保障公民的人身权利、民主权利和其他权利；

（四）保护各种经济组织的合法权益；

（五）铸牢中华民族共同体意识，促进各民族广泛交往交流交融，保障少数民族的合法权利和利益，保障少数民族保持或者改革自己的风俗习惯的自由；

（六）保障宪法和法律赋予妇女的男女平等、同工同酬和婚姻自由等各项权利；

（七）办理上级人民政府交办的其他事项。

第七十七条　地方各级人民政府分别实行省长、自治区主席、市长、州长、县长、区长、乡长、镇长负责制。

省长、自治区主席、市长、州长、县长、区长、乡长、镇长分别主持地方各级人民政府的工作。

第七十八条　县级以上的地方各级人民政府会议分为全体会议和常务会议。全体会议由本级人民政府全体成员组成。省、自治区、直辖市、自治州、设区的市的人民政府常务会议，分别由省长、副省长，自治区主席、副主席，市长、副市长，州长、副州长和秘书长组成。县、自治县、不设区的市、市辖区的人民政府常务会议，分别由县长、副县长，市长、副市长，区长、副区长组成。省长、自治区主席、市长、州长、县长、区长召集和主持本级人民政府全体会议和常务会议。政府工作中的重大问题，须经政府常务会议或者全体会议讨论决定。

第四节　地方各级人民政府的机构设置

第七十九条　地方各级人民政府根据工作需要和优化协同高效以及精干的原则，设立必要的工作部门。

县级以上的地方各级人民政府设立审计机关。地方各级审计机关依照法律规定独立行使审计监督权，对本级人民政府和上一级审计机关负责。

省、自治区、直辖市的人民政府的厅、局、委员会等工作部门和自治州、县、自治县、市、市辖区的人民政府的局、科等工作部门的设立、增加、减少或者合并，按照规定程序报请批准，并报本级人民代表大会常务委员会备案。

第八十条 县级以上的地方各级人民政府根据国家区域发展战略，结合地方实际需要，可以共同建立跨行政区划的区域协同发展工作机制，加强区域合作。

上级人民政府应当对下级人民政府的区域合作工作进行指导、协调和监督。

第八十一条 县级以上的地方各级人民政府根据应对重大突发事件的需要，可以建立跨部门指挥协调机制。

第八十二条 各厅、局、委员会、科分别设厅长、局长、主任、科长，在必要的时候可以设副职。

办公厅、办公室设主任，在必要的时候可以设副主任。

省、自治区、直辖市、自治州、设区的市的人民政府设秘书长一人，副秘书长若干人。

第八十三条 省、自治区、直辖市的人民政府的各工作部门受人民政府统一领导，并且依照法律或者行政法规的规定受国务院主管部门的业务指导或者领导。

自治州、县、自治县、市、市辖区的人民政府的各工作部门受人民政府统一领导，并且依照法律或者行政法规的规定受上级人民政府主管部门的业务指导或者领导。

第八十四条　省、自治区、直辖市、自治州、县、自治县、市、市辖区的人民政府应当协助设立在本行政区域内不属于自己管理的国家机关、企业、事业单位进行工作，并且监督它们遵守和执行法律和政策。

第八十五条　省、自治区的人民政府在必要的时候，经国务院批准，可以设立若干派出机关。

县、自治县的人民政府在必要的时候，经省、自治区、直辖市的人民政府批准，可以设立若干区公所，作为它的派出机关。

市辖区、不设区的市的人民政府，经上一级人民政府批准，可以设立若干街道办事处，作为它的派出机关。

第八十六条　街道办事处在本辖区内办理派出它的人民政府交办的公共服务、公共管理、公共安全等工作，依法履行综合管理、统筹协调、应急处置和行政执法等职责，反映居民的意见和要求。

第八十七条　乡、民族乡、镇的人民政府和市辖区、不设区的市的人民政府或者街道办事处对基层群众性自治组织的工作给予指导、支持和帮助。基层群众性自治组织协助乡、民族乡、镇的人民政府和市辖区、不设区的市的人民政府或者街道办事处开展工作。

第八十八条　乡、民族乡、镇的人民政府和街道办事处可以根据实际情况建立居民列席有关会议的制度。

第五章　附　　则

第八十九条　自治区、自治州、自治县的自治机关除行使本法规定的职权外，同时依照宪法、民族区域自治法和其他法律规定的权限行使自治权。

第九十条　省、自治区、直辖市的人民代表大会及其常务委员会可以根据本法和实际情况，对执行中的问题作具体规定。

关于《中华人民共和国地方各级人民代表大会和地方各级人民政府组织法（修正草案）》的说明

——2022 年 3 月 5 日在第十三届全国人民代表大会第五次会议上

全国人民代表大会常务委员会副委员长　王　晨

各位代表：

我受全国人大常委会委托，作关于《中华人民共和国地方各级人民代表大会和地方各级人民政府组织法（修正草案）》的说明。

一、修改的必要性和重大意义

地方组织法是关于地方人大、地方政府的组织和工作制度的基本法律，是宪法关于地方政权建设规定的立法实施，是地方各级国家权力机关、行政机关行使职权、履行职责的重要制度保障。我国宪法第九十五条中规定："地方各级人民代表大会和地方各级人民政府的组织由法律规定。"地方组织法于1979年7月由五届全国人大二次会议通过并公布施行。此后，根据形势发展变化，于1982年、1986年、1995年、2004年和2015年先后作了五次修改，推动地方政权机关工作和建设不断与时俱进、发展完善。党的十八大以来，以习近平同志为核心的党中央高度重视国家政权机关工作和建设，对坚定不移走中国特色社会主义政治发展道路，坚持和完善人民代表大会制度，发展全过程人民民主，坚持和完善中国特色社会主义行政体制，构建职责明确、依法行政的政府治理体系，作出一系列重大部署、推进一系列重大工作、取得一系列重大成果。党的十九大报告提出"完善国家机构组织法"；党的十九届四中全会决定提出"健全人大组织制度、选举制度和议事规则"、"加强地方人大及其常委会建设"、"优化政府职责体系"、"健全充分发挥中央和地方两个积极性体制机制"；党的十九届六中全会决议提出"必须坚持党的领导、人民当家作主、依法治国有机统一，积极发展全过程人民民主，健全全面、广泛、有机衔接的人民当家作主制度体系"。2021年10月，党中央召开中央人大工作会议，对新时代坚持和完善人民代表大会制度、加强和改进人大工作作出全面部署、提出明确要求。

贯彻习近平法治思想、习近平总书记关于坚持和完善人民代表大会制度的重要思想，落实党中央重大决策部署和中央人大工作会议精神，有必要在认真总结实践经验基础上，对地方组织法作出修改完善，进一步健全地方政权机关的组织和工作制度，维护党中央权威和集中统一领导，构建从中央到地方权责清晰、运行顺畅、充满活力的工作体系；坚持以人民为中心、全心全意为人民服务，不断发展全过程人民民主，保障人民当家作主；推动地方人大加强和改进新时代人大工作，推动地方政府全面建设职能科学、权责法定、执法严明、公开公正、智能高效、廉洁诚信、人民满意的法治政府，全面提高依法履职能力。

（一）修改地方组织法是新时代坚持党的全面领导，保证党领导人民依法有效治理国家的必然要求

中国共产党领导是中国特色社会主义最本质的特征，是中国特色社会主义制度的最大优势。新时代坚持和完善人民代表大会制度，最根本的是要坚持党的全面领导，保证党领导人民依法有效治理国家。地方各级人民代表大会和地方各级人民政府是国家政权机关的重要组成部分。加强地方政权机关建设和工作，必须坚持党的全面领导这一最高政治原则，确保各地方在党中央集中统一领导下，依法履行职责。《中共中央关于加强党的政治建设的意见》明确提出，制定和修改有关法律

法规要明确规定党领导相关工作的法律地位；将坚持党的全面领导的要求载入人大、政府、法院、检察院的组织法，健全党对这些机关实施领导的制度规定，确保其始终在党的领导下积极主动、独立负责、协调一致地开展工作。修改地方组织法，明确地方人大和地方政府坚持中国共产党的领导，是维护党中央权威和集中统一领导的重要举措，有利于充分发挥党总揽全局、协调各方的领导核心作用，保证党的路线方针政策和决策部署在地方工作中得到全面贯彻落实和有效执行。

（二）修改地方组织法是不断发展全过程人民民主，保证人民当家作主的重大举措

人民当家作主是社会主义民主政治的本质和核心，是社会主义的生命。习近平总书记指出："人民当家作主是我们党矢志不渝的奋斗目标。发展社会主义民主政治就是要体现人民意志、保障人民权益、激发人民创造活力，用制度体系保证人民当家作主。"坚持和完善人民代表大会制度，必须坚持人民主体地位，支持和保证人民通过人民代表大会行使国家权力，发展全过程人民民主。地方各级人民代表大会是地方国家权力机关，都由民主选举产生，对人民负责，受人民监督；地方各级人民政府是地方国家行政机关，都由本级人民代表大会产生，对人大负责，受人大监督。地方各级人大和政府尤其是县乡两级人大和政府，更为贴近基层、贴近人民群众，应当自觉践行以人民为中心的发展思想，在党的

领导下不断扩大人民有序政治参与，依法实行民主选举、民主协商、民主决策、民主管理、民主监督，通过法定和有序的途径、渠道、方式、程序，保证人民的知情权、参与权、表达权和监督权，确保党和国家在决策、执行、监督落实各个环节都能听到来自人民的声音。修改地方组织法，明确地方人大、地方政府坚持以人民为中心，有利于践行全过程人民民主的重大理念，健全吸纳民意、汇集民智的工作机制，完善民主民意表达平台和载体，保证人民当家作主具体地、现实地落实到国家政治生活和社会生活之中。

（三）修改地方组织法是深入贯彻党中央全面依法治国战略部署，推进全面依法治国的制度保障

全面依法治国是中国特色社会主义的本质要求和重要保障。党的十九大确立的新时代坚持和发展中国特色社会主义的基本方略，党的十九届四中全会概括的我国国家制度和国家治理体系具有的显著优势，党的十九届六中全会进一步明确的习近平新时代中国特色社会主义思想的重大创新内容，都凸显了全面依法治国的战略地位和重大意义。我国已进入新发展阶段，全面贯彻新发展理念、构建新发展格局、推动高质量发展，需要坚持和完善中国特色社会主义法治体系，坚持依法治国、依法执政、依法行政共同推进，坚持法治国家、法治政府、法治社会一体建设，为全面建设社会主义现代化国家提供更加完备的法治保障。修改地方组织法的一个重

要目的，就是要深入贯彻党中央全面依法治国战略部署，全面实施法治中国建设规划和法治政府建设实施纲要，明确地方人大、地方政府相关责任，明确法治政府的原则要求，在全面建设社会主义现代化国家新征程上，推动法治中国建设迈出新步伐、创造新成就。

（四）修改地方组织法是坚持和完善人民代表大会制度，深化党和国家机构改革，推进国家治理体系和治理能力现代化的现实需要

人民代表大会制度是中国特色社会主义制度的重要组成部分，也是支撑中国国家治理体系和治理能力的根本政治制度。修改地方组织法，贯彻落实中央人大工作会议精神，全面加强地方人大及其常委会建设和工作，进一步充实完善地方人大及其常委会的职权，适当增加省、设区的市两级人大常委会组成人员名额，完善地方人大专门委员会、常委会工作委员会设置，明确县、自治县人大常委会可以在街道设立工作机构，健全地方人大组织和工作制度，使地方人大及其常委会在地方国家政权体系中成为自觉坚持中国共产党领导的政治机关、保证人民当家作主的国家权力机关、全面担负宪法法律赋予的各项职责的工作机关、始终同人民群众保持密切联系的代表机关。

深化党和国家机构改革是推进国家治理体系和治理能力现代化的一场深刻变革，是关系党和国家事业全局的重大政治任务。党的十八大以来，以习近平同志为核

心的党中央紧紧围绕完善和发展中国特色社会主义制度、推进国家治理体系和治理能力现代化这个总目标，推进全面深化改革向纵深发展。党的十九届三中全会对深化党和国家机构改革作出全面部署，各地方机构改革任务总体完成，取得一系列重要成果。修改地方组织法，就是要深入总结深化党和国家机构改革取得的重大成效和宝贵经验，把各项制度创新成果和实践中好的做法以法律的形式确立下来，进一步夯实支撑国家治理体系和治理能力的基础性法律制度。这对于健全充分发挥中央和地方两个积极性的体制机制，保证地方各级人大、政府等地方政权机关更好分工合作、相互配合，有效组织国家现代化建设事业，具有重要意义。

二、修改的指导思想、遵循的原则和工作过程

修改地方组织法，必须坚持以习近平新时代中国特色社会主义思想为指导和根本遵循，全面贯彻党的十九大、十九届历次全会精神和修改后的宪法有关规定精神，坚持党的领导、人民当家作主、依法治国有机统一，适应新形势新要求，健全和完善地方政权机关的组织和工作制度，更好坚持和完善人民代表大会制度，不断发展全过程人民民主，充分发挥中国特色社会主义民主政治的独特优势，推进国家治理体系和治理能力现代化。

修改工作遵循的原则：一是贯彻落实习近平法治思想、习近平总书记关于坚持和完善人民代表大会制度的重要思想，贯彻落实中央人大工作会议精神，把坚持党

的全面领导作为地方政权机关活动和建设的最高原则，坚决维护党中央权威和集中统一领导，确保地方政权机关活动和建设的正确政治方向。二是坚持以人民为中心，充分考虑地方人大和地方政府贴近基层、贴近群众的特点，充分反映地方政权机关工作、建设和基层治理新成果新经验，扩大人民有序政治参与，畅通群众诉求表达和反映渠道，不断发展全过程人民民主。三是充分反映深化党和国家机构改革后，地方各级人大和政府有关机构设置及其职能的新变化，总结地方实践中的好做法，更好发挥地方人大和地方政府在推进国家治理体系和治理能力现代化中的重要作用。四是严格遵循宪法确立的制度、原则和规定，保持地方政权机关组织、职权和工作的稳定性连续性；对于现行地方组织法中可改可不改的内容，原则上不作修改。五是注意处理好地方组织法与全国人民代表大会组织法、代表法、立法法、监督法、预算法等相关法律之间的关系，做好法律衔接。

以习近平同志为核心的党中央高度重视地方人大工作和建设、地方组织法修改完善工作。2019 年 7 月，习近平总书记对地方人大及其常委会工作作出重要指示，强调地方人大及其常委会要按照党中央关于人大工作的要求，结合地方实际，创造性做好立法、监督等工作。贯彻落实党的十九届四中全会明确提出适当增加基层人大代表数量的要求，2020 年 10 月，全国人大常委会对选举法作出修改，适当增加不设区的市、市辖区、县、自治县和乡镇两级人大代表数量。2021 年 9 月，习近平总书记主持召开中央政治局常委会会议，听取审议并原则同意全国人大常委会党组关于地方组织法修正草案有关问题的请示和汇报。2021 年 10 月，党中央召开中央人大工作会议，习近平总书记发表重要讲话。习近平总书记关于坚持和完善人民代表大会制度的重要思想，为做好地方组织法修改完善工作提供了重要指导和根本遵循。

根据立法工作安排，全国人大常委会法工委于 2021 年初启动地方组织法的修改工作，经广泛征求各方面意见和认真研究，提出了地方组织法修正草案。期间主要开展了以下工作：一是深入学习领会习近平新时代中国特色社会主义思想特别是习近平总书记关于坚持和完善人民代表大会制度的重要思想、关于发展全过程人民民主的重要论述精神，组织开展专题研究，认真梳理近年来全国人大代表、全国政协委员提出的有关议案、建议、提案和各方面的意见建议，研究拟出地方组织法修正草案初稿。二是全国人大常委会法工委多次召开座谈会，听取中央有关部门、专家学者的意见建议，根据各方面的意见对修正草案不断进行修改完善。三是将地方组织法修正草案印发中央有关部门和单位、全国人大各专门委员会和常委会有关工作机构、各省（自治区、直辖市）人大常委会、基层立法联系点、部分高校和研究机构征求意见。四是到部分地方进行调研，了解地方实际情况和工作经验。

2021 年 10 月，十三届全国人大常委会第三十一次会议对地方组织法修正草案进行了初次审议。常委会组成人员普遍认为，修正草案深入贯彻落实习近平法治思想、习近平总书记关于坚持和完善人民代表大会制度的重要思想，突出党对地方政权机关工作的全面领导，明确地方政权机关建设的指导思想和原则，完善地方人大和地方政府的组织和工作制度，有利于推进全面依法治国和建设社会主义法治国家，不断发展全过程人民民主，推进国家治理体系和治理能力现代化。2021 年 12 月，十三届全国人大常委会第三十二次会议对地方组织法修正草案进行了再次审议，普遍认为修正草案二次审议稿贯彻落实党中央重大决策部署和中央人大工作会议精神，总结地方政权机关建设的新成果新经验，较好地吸收了常委会组成人员的审议意见和各方面的意见，已经趋于成熟，决定将地方组织法修正草案提请十三届全国人大五次会议审议。

地方组织法修正草案经全国人大常委会两次会议审议后，先后两次在中国人大网全文公布草案征求社会公众意见；全国人大常委会办公厅将修正草案印发十三届全国人大代表，组织部署全国人大代表研读讨论并征求意见。2022 年 1 月 21 日，全国人大宪法法律委召开会议，根据全国人大常委会组成人员的审议意见、代表研读讨论中提出的意见和各方面的意见，对地方组织法修正草案作了进一步修改完善。全国人大宪法法律委认为，经过全国人大常委会两次会议审议、广泛征求意见和多次修改完善，地方组织法修正草案充分吸收各方面的意见建议，已经比较成熟。据此，形成了提请本次会议审议的《中华人民共和国地方各级人民代表大会和地方各级人民政府组织法（修正草案）》。

三、地方组织法修正草案的主要内容

《中华人民共和国地方各级人民代表大会和地方各级人民政府组织法（修正草案）》共48条，主要修改内容如下：

（一）充实“总则”一章内容

1. 贯彻党中央关于加强党的全面领导、加强党的政治建设的精神，明确地方人大和地方政府坚持党的领导、坚持党和国家的指导思想，增加规定：地方各级人民代表大会、县级以上地方各级人大常委会和地方各级人民政府坚持中国共产党的领导，坚持以马克思列宁主义、毛泽东思想、邓小平理论、“三个代表”重要思想、科学发展观、习近平新时代中国特色社会主义思想为指导，依照宪法和法律规定行使职权。

2. 贯彻习近平总书记关于践行以人民为中心的发展思想和发展全过程人民民主的重大理念，增加规定：地方各级人民代表大会、县级以上地方各级人大常委会和地方各级人民政府坚持以人民为中心，坚持全过程人民民主，始终同人民保持密切联系，倾听人民的意见和建议，为人民服务，对人民负责，受人民监督。

3. 根据宪法有关规定精神，明确地方人大和地方政府在国家法治统一中的职责，增加规定：地方各级人民代表大会、县级以上地方各级人大常委会和地方各级人民政府遵循在中央的统一领导下、充分发挥地方的主动性积极性的原则，保证宪法、法律和行政法规在本行政区域的实施。

4. 贯彻民主集中制原则，增加规定：地方各级人民代表大会、县级以上地方各级人大常委会和地方各级人民政府实行民主集中制原则。地方各级人民代表大会和县级以上地方各级人大常委会应当充分发扬民主，集体行使职权。地方各级人民政府实行首长负责制。政府工作中的重大事项应当经集体讨论决定。

（二）完善地方各级人大及其常委会的组织、职权等相关规定

1. 适当增加省、设区的市两级人大常委会组成人员名额。目前，省级人大常委会组成人员名额是 1979 年地方组织法规定的，40 多年来一直没有修改，设区的市级人大常委会组成人员名额自 2004 年后也一直没有调整。地方人大常委会在地方立法、监督等工作中发挥着重要作用。我国省、自治区、直辖市以及设区的市、自治州普遍人口较多，经济社会发展面临重大任务，保证适当数量的常委会组成人员，有利于优化常委会组成人员的结构，增加常委会组成人员的代表性、广泛性，集思广益，充分发扬民主，提高立法、监督等工

作质量。中央人大工作会议明确提出，适当增加省、设区的市两级人大常委会组成人员名额。此次修改，拟将省和设区的市两级人大常委会组成人员名额的上下限和最高限，分别增加10名。同时，明确地方人大常委会组成人员的名额，按人口多少并结合常委会组成人员结构的需要确定。

2. 根据中央人大工作会议精神和地方人大工作实际，完善地方人大专门委员会和常委会工作机构的设置，充实、细化常委会主任会议和专门委员会的职责。一是，明确省、设区的市两级人民代表大会根据需要，可以设法制委员会、财政经济委员会、教育科学文化卫生委员会、环境与资源保护委员会、社会建设委员会和其他需要设立的专门委员会。二是，明确地方人大常委会根据工作需要，设立办事机构和法制工作委员会、预算工作委员会、代表工作委员会等工作机构；县、自治县人大常委会可以比照本法有关规定，在街道设立工作机构。三是，明确专门委员会的任期、职责和工作，规定专门委员会每届任期同本级人民代表大会每届任期相同，履行职责到下届人民代表大会产生新的专门委员会为止；向本级人大主席团或者常委会提出议案，承担本级人大常委会听取和审议专项工作报告、执法检查、专题询问等的具体组织实施工作，听取本级人民政府工作部门和监察委员会、人民法院、人民检察院的专题汇报，研究和督促办理代表建议、批评和意见，办理本级人大及其常委会交办的其他工作。四是，进一步明确和细化地方人大常委会主任会议的职责，具体列举主任会议处理常委会重要日常工作的事项。

3. 贯彻党中央有关精神，总结地方实践经验，完善地方人大及其常委会的职权。一是，细化和补充地方各级人大常委会对国民经济和社会发展规划计划、预算决算的审查监督职能，根据预算法和中央有关文件精神，增加规定：县级以上地方各级人大审查和批准本行政区域内的国民经济和社会发展规划纲要，常委会审查和批准其调整方案；县级以上地方各级人大常委会监督本行政区域内国民经济和社会发展规划纲要、计划和预算的执行，审查和批准本级决算，监督审计查出问题整改情况；乡镇人大监督本级预算的执行，审查和批准本级预算的调整方案，审查和批准本级决算；县级以上地方各级人大及其常委会审查监督政府债务。二是，强化人大对国有资产管理情况进行监督的职能，增加规定：县级以上地方各级人大监督本级人民政府对国有资产的管理；县级以上地方各级人大常委会监督本级人民政府对国有资产的管理，听取和审议本级人民政府关于国有资产管理情况的报告。三是，充实细化地方人大常委会的职责，包括听取和审议有关专项工作报告，组织执法检查，开展专题询问；听取和审议本级人民政府关于年度环境状况和环境保护目标完成情况的报告；听取和审议备案审查工作情况报告。四是，健全人大讨论决定重大事项制度，增加规定：地方人大常委会讨论本行政区域内的重大事项和项目，可以作出决定或者决议，也可以将有关意见、建议送有关国家机关或者单位研究办理。五是，适应建立健全党和国家功勋荣誉表彰制度的要求，根据有关方面意见，删去地方人大常委会“决定授予地方的荣誉称号”的职权。

4. 健全地方人大及其常委会的议事制度。一是，根据新冠肺炎疫情防控期间地方人大召开会议的实践，增加规定：地方各级人大会议召开的日期由本级人大常委会或者乡镇人大主席团决定并予以公布；遇有特殊情况，县级以上地方各级人大常委会或者乡镇人大主席团可以决定适当提前或者推迟召开会议，提前或者推迟召开会议的日期未能在当次会议上决定的，常委会或者其授权的主任会议、乡镇人大主席团，可以另行决定并予以公布。二是，明确地方各级人大举行会议，应当合理安排会期和会议日程，提高议事质量和效率。三是，根据地方的实践经验，增加规定：乡镇人大听取和审议乡镇人大主席团的工作报告；县级以上地方各级人大常委会主任可以委托副主任主持常委会会议。

5. 根据地方人大工作实际和有关方面的意见，修改地方国家机构正职领导人员选举有关内容。一是，根据有关部门的意见和多年来的实际做法，将地方国家机构正职领导人员的候选人数“一般应多一人，进行差额选举”的规定，修改为“可以多一人，进行差额选举”。二是，明确在大会闭会期间，县级以上地方各级人大常委会在地方国家机构正职领导人员因故不能担任职务的时候，根据主任会议的提名，从副职领导人员中决定代理人选。

6. 加强和改进代表工作。增加规定：一是，地方各级人大代表的建议、批评和意见的办理情况，由常委会办事机构或者乡镇人大主席团向本级人大常委会或者乡镇人大报告，并予以公开。二是，地方各级人大代表应当与原选区选民或者原选举单位和人民群众保持密切联系，听取和反映他们的意见和要求，充分发挥在发展全过程人民民主中的作用；并应当向原选区选民或者原选举单位报告履职情况。三是，县级以上地方各级人大常委会和各专门委员会、工作机构应当建立健全常委会组成人员和各专门委员会、工作机构联系代表的工作机制，支持和保障代表依法履职，扩大代表对各项工作的参与，充分发挥代表作用；县级以上地方各级人大常委会通过建立基层联系点、代表联络站等方式，密切同人民群众的联系，听取对立法、监督等工作的意见和建议。

（三）完善地方各级人民政府的组织、职权等相关规定

地方各级人民政府由地方各级人民代表大会选举产生，是地方各级人民代表大会的执行机关，承担着推动经济社会发展、管理社会事务、服务人民群众的重要职责。贯彻落实党中央关于加快构建职责明确、

依法行政的政府治理体系和全面建设法治政府的要求，按照中共中央、国务院印发的《法治政府建设实施纲要（2021－2025年）》的精神，总结党的十八大以来推进依法行政、建设法治政府的实践经验，地方组织法修正草案增加了以下规定：

1. 专设一节，明确地方政府建设的原则要求。增加规定：一是地方各级人民政府应当维护宪法和法律权威，坚持依法行政，建设职能科学、权责法定、执法严明、公开公正、智能高效、廉洁诚信、人民满意的法治政府。二是地方各级人民政府应当坚持以人民为中心，全心全意为人民服务，提高行政效能，建设服务型政府。三是地方各级人民政府应当严格执行廉洁从政各项规定，加强廉政建设，建设廉洁政府。四是地方各级人民政府应当坚持诚信原则，加强政务诚信建设，建设诚信政府。五是地方各级人民政府应当坚持政务公开，全面推进决策、执行、管理、服务、结果公开，依法、及时、准确公开政府信息，推进政务数据有序共享，提高政府工作的透明度。六是地方各级人民政府应当坚持科学决策、民主决策、依法决策，提高决策的质量。七是地方各级人民政府应当依法接受监督，确保行政权力依法正确行使。

2. 根据党中央有关精神，总结地方实践经验，完善地方政府职权和工作方面的有关规定。一是，增加规定：县级以上地方各级人民政府编制和执行国民经济和社会发展规划纲要、计划和预算，履行国有资产管理职责。二是，补充完善乡镇人民政府的有关职权，增加规定：乡镇人民政府编制本行政区域内的国民经济和社会发展计划和预算。三是，明确县级以上地方各级人民政府根据应对重大突发事件的需要，可以建立跨部门指挥协调机制。四是，根据宪法和有关法律规定，明确基层政府与基层群众性自治组织的相互关系，增加规定：乡、民族乡、镇的人民政府和市辖区、不设区的市的人民政府或者街道办事处对基层群众性自治组织的工作给予指导、支持和帮助；基层群众性自治组织协助乡、民族乡、镇的人民政府和市辖区、不设区的市的人民政府或者街道办事处开展工作。

3. 明确地方政府制定规范性文件的程序和要求。增加规定：县级以上地方各级人民政府制定规范性文件，应当经过评估论证、公开征求意见、合法性审查、集体审议决定等程序，按照法定要求和程序予以公布，并向本级人大常委会备案。

4. 贯彻落实党中央关于深化党和国家机构改革的精神，明确地方政府根据工作需要和优化协同高效以及精干的原则，设立必要的工作部门；县级以上地方各级人民政府工作部门的设立、增加、减少或者合并，按照规定程序报请批准，并报本级人大常委会备案。

5. 根据党中央关于加强基层治理体系和治理能力现代化建设的精神，增加规定街道办事处的职责；明确乡镇人民政府和街道办事处可以根据实际情况建立居民列席有关会议的制度。

（四）适应监察体制改革需要增加相关内容

根据修改后的宪法和监察法的有关规定，适应地方“一府一委两院”政权机关架构的需要，增加规定：一是，明确县级以上地方各级人大常委会监督本级监察委员会的工作。二是，明确地方各级监察委员会组成人员的提名和选举任免、辞职等程序；明确地方各级监察委员会主任列席本级人民代表大会会议；明确对监察委员会主任的罢免制度和对地方各级监察委员会的质询制度。三是，明确县级以上地方各级人大常委会组成人员不得担任监察机关的职务。

（五）明确区域发展合作机制

贯彻国家区域协调发展战略，总结地方实践经验和做法，增加规定：一是，省、设区的市两级人大及其常委会根据区域协调发展的需要，可以开展协同立法。二是，县级以上地方各级人民政府可以共同建立跨行政区划的区域协同发展工作机制，加强区域合作；上级人民政府应当对下级人民政府的区域合作工作进行指导、协调和监督。

（六）充实铸牢中华民族共同体意识等内容并完善相关规定

根据宪法有关规定和中央民族工作会议精神，在地方人大和地方政府职责中分别增加“铸牢中华民族共同体意识”、“促进各民族广泛交往交流交融”等内容，并将“保障少数民族的权利”修改为“保障少数民族的合法权利和利益”；同时，将少数民族聚居的乡镇人大行使职权时“应当采取适合民族特点的具体措施”，修改为“可以依照法律规定的权限采取适合民族特点的具体措施”；将地方各级人民政府职权中的“尊重少数民族的风俗习惯”，修改为“保障少数民族保持或者改革自己的风俗习惯的自由”。

此外，还作了一些文字表述性、法律衔接性修改和完善，将第二章、第三章、第四章的内容分节规定，并对部分条文顺序作了调整。

《中华人民共和国地方各级人民代表大会和地方各级人民政府组织法（修正草案）》和以上说明，请审议。

全国人民代表大会宪法和法律委员会关于《中华人民共和国地方各级人民代表大会和地方各级人民政府组织法（修正草案）》修改情况的汇报

全国人民代表大会常务委员会：

常委会第三十一次会议对地方组织法修正草案进行了初次审议。会后，法制工作委员会将修正草案印发中央有关部门和部分省（自治区、直辖市）人大、基层立法联系点、高等院校和研究机构征求意见。中国人大网站全文公布修正草案向社会公众征求意见。法制工作委员会召开座谈会听取中央有关部门、专家学者的意见，到北京进行调研，并与中央有关部门进行共同研究。宪法和法律委员会于11月18日召开会议，根据常委会组成人员的审议意见和各方面意见，对修正草案进行了逐条审议。11 月 30 日，宪法和法律委员会召开会议，再次进行了审议。现将修正草案主要问题的修改情况汇报如下：

一、有的常委会组成人员、部门、地方和专家学者建议，根据中央人大工作会议精神，总结地方实践经验，对地方人大及其常委会开展区域协同立法予以明确。宪法和法律委员会经研究，建议增加规定：省、自治区、直辖市以及设区的市、自治州的人大及其常委会根据区域协调发展的需要，可以开展协同立法。（修正草案二次审议稿第十条、第二十二条）

二、地方组织法第八条第二项、第九条第四项对地方人大审查和批准预算的职权作了规定。有些常委会组成人员和部门建议，贯彻落实党中央关于加强国民经济和社会发展规划计划审查、强化人大预算决算审查监督的精神，根据预算法和中央有关文件要求，进一步细化和补充相关规定。宪法和法律委员会经研究，建议增加规定：县级以上地方各级人大依法履行“地方政府债务审查监督”职责；乡镇人大“监督本级预算的执行，审查和批准本级预算的调整方案，审查和批准本级决算”。（修正草案二次审议稿第十一条、第十二条）

三、有的常委会组成人员、部门和地方建议，根据新冠肺炎疫情防控期间地方的实践做法，增加规定地方人大推迟召开会议相关内容。宪法和法律委员会经研究，建议增加规定：会议召开日期由本级人大常委会或者乡镇人大主席团决定并予以公布；遇有特殊情况，县级以上地方各级人大常委会或者乡镇人大主席团可以决定适当提前或者推迟召开会议；提前或者推迟召开会议的日期未能在当次会议上决定的，常委会或者其授权的主任会议、乡镇人大主席团可以另行决定，并予以公布。（修正草案二次审议稿第十三条）

四、修正草案第十三条规定："地方各级人民代表大会代表的建议、批评和意见的办理情况，以适当形式向社会公开。"有的常委会组成人员和专家学者建议，参照全国人大组织法的规定，明确代表建议、批评和意见的办理情况向本级人大常委会或者乡镇人大报告，并予以公开。宪法和法律委员会经研究，建议采纳这一意见。（修正草案二次审议稿第十七条）

五、修正草案第十四条对县级以上地方人大各专门委员会的职责作了规定。有的常委会组成人员、地方和专家学者建议，根据地方实践经验，进一步细化和充实各专门委员会的职责。宪法和法律委员会经研究，建议增加规定：一是向本级人大主席团或者常委会提出议案；二是听取本级人民政府工作部门和监察委员会、人民法院、人民检察院的专题汇报；三是研究和督促办理代表建议、批评和意见；四是办理本级人大及其常委会交办的其他工作。（修正草案二次审议稿第十六条）

六、修正草案第十九条对县级以上地方人大常委会的职权作了规定。有的常委会组成人员、部门和地方建议，贯彻落实中央人大工作会议和党中央关于加强人大预算审查监督有关文件的精神，根据有关法律规定和实践做法，进一步完善地方人大常委会的职权。宪法和法律委员会经研究，建议增加规定：一是“审查和批准本行政区域内的国民经济和社会发展规划纲要的调整方案”；二是“监督本行政区域内国民经济和社会发展规划纲要、计划和预算的执行，审查和批准本级决算，监督审计查出问题整改情况，审查监督政府债务”；三是“听取和审议有关专项工作报告，对法律、法规执行情况开展执法检查，开展专题询问”；四是“听取和审议本级人民政府关于年度环境状况和环境保护目标完成情况的报告”。（修正草案二次审议稿第二十三条）

七、地方组织法第四十四条第十四项规定地方人大常委会“决定授予地方的荣誉称号”。有的部门提出，贯彻落实党中央关于建立健全党和国家功勋荣誉表彰制度文件的精神，建立统一的功勋荣誉表彰制度体系，建议删去上述规定。宪法和法律委员会经研究，建议采纳这一意见。（修正草案二次审议稿第二十三条）

八、有的常委会组成人员、部门和地方提出，贯彻落实中央人大工作会议精神，完善地方人大常委会工作机构的规定，明确县、自治县的街道设立人大工作机构的法律依据。宪法和法律委员会经研究，建议规定：一是常委会根据工作需要设立法制工作委员会、预算工作委员会、代表工作委员会等工作机构；二是将“市辖区、不设区的市”人大常委会可以在街道设立工作机构，修改为“县、自治县、市辖区、不设区的市”的人大常委会可以在街道设立工作机构。（修正草案二次审议稿第二十六条）

九、有的部门和专家学者建议，总结新冠肺炎疫情防控实践经验，明确地方政府应对重大突发事件的疫情联防联控机制。宪法和法律委员会经研究，建议增加规定：“县级以上的地方各级人民政府根据应对重大突发事件的需要，可以建立跨部门指挥协调机制。”（修正草案二次审议稿第四十一条）

此外，还对修正草案作了一些文字修改，并对部分条文顺序作了调整。

修正草案二次审议稿已按上述意见作了修改，宪法和法律委员会建议提请本次常委会会议继续审议，并由常委会决定将修正草案提请第十三届全国人民代表大会第五次会议审议。

修正草案二次审议稿和以上汇报是否妥当，请审议。

全国人民代表大会宪法和法律委员会

2021 年 12 月 20 日

第十三届全国人民代表大会宪法和法律委员会关于《中华人民共和国地方各级人民代表大会和地方各级人民政府组织法（修正草案）》审议结果的报告

（2022 年 3 月 8 日第十三届全国人民代表大会第五次会议主席团第二次会议通过）

十三届全国人大五次会议主席团：

3 月 7 日下午，各代表团小组会议审议了地方组织法修正草案。代表们普遍认为，地方组织法是关于地方人大、地方政府的组织和工作制度的基本法律，是宪法关于地方政权建设规定的立法实施，是地方各级国家权力机关、行政机关行使职权、履行职责的重要制度保障。

修正草案贯彻习近平法治思想、习近平总书记关于坚持和完善人民代表大会制度的重要思想，落实党中央重大决策部署和中央人大工作会议精神，总结吸收地方政权建设和基层治理的新成果新经验，对于更好坚持和完善人民代表大会制度、加强和改进新时代人大工作，加快推动全面建设法治政府，推进国家治理体系和治理能力现代化，具有重要意义。地方组织法修改过程体现了民主立法的要求和全过程人民民主的理念，全国人大常委会两次进行审议，两次向社会公开征求意见，组织全国人大代表研读讨论，采取多种方式征求各方面意见，了解地方实际情况和工作经验。修正草案较好地吸收了各方面的意见，已经比较成熟，建议提请本次会议审议通过。同时，代表们也对修正草案提出了一些修改意见。宪法和法律委员会于3月7日晚召开会议，对修正草案进行认真审议，对代表提出的修改意见逐条研究。根据各代表团的审议意见和有关方面的意见，对修正草案共作了23处修改，其中实质性修改16处。主要修改是：

一、有的代表提出，城乡建设是地方的一项重要工作，涉及人民群众切身利益，建议根据中央有关文件和地方近年来的实践，增加规定：县级以上地方人大及其常委会讨论、决定“城乡建设”等“重大事项和项目”；在乡镇人大职权中“根据国家计划，决定本行政区域内的经济、文化事业和公共事业的建设计划”后，增加“项目”。宪法和法律委员会经研究，建议采纳这一意见。

二、有些代表提出，为进一步健全地方人大及其常委会的议事制度，建议明确地方人大及其常委会会议的临时召集、出席人数等相关要求。宪法和法律委员会经研究，建议作如下修改：一是增加规定："县级以上的地方各级人民代表大会常务委员会或者乡、民族乡、镇的人民代表大会主席团认为必要"，可以临时召集本级人民代表大会会议；"遇有特殊需要时，可以临时召集常务委员会会议"。二是增加规定："地方各级人民代表大会会议有三分之二以上的代表出席，始得举行"；"常务委员会会议有常务委员会全体组成人员过半数出席，始得举行"。

三、有的代表提出，根据中央有关文件和地方近年来的实践，建议明确乡镇人民代表大会会议一般每年举行两次。宪法和法律委员会经研究，建议增加规定："乡、民族乡、镇的人民代表大会会议一般每年举行两次"。

四、修正草案第二十四条中规定，地方人大常委会讨论决定重大事项和项目，可以将有关意见、建议送有关地方国家机关或者单位研究办理。有的代表建议，明确有关办理情况应当及时向常委会报告。宪法和法律委员会经研究，建议采纳这一意见。

五、有的代表提出，地方人大常委会召开会议时，有关方面负责人应当列席会议，建议予以明确。宪法和法律委员会经研究，建议增加规定：“县级以上的地方各级人民政府、监察委员会、人民法院、人民检察院的负责人，列席本级人民代表大会常务委员会会议。”

六、有的代表建议，对地方政府重大事项请示报告制度作出明确规定。宪法和法律委员会经研究，建议增加规定：“地方各级人民政府实行重大事项请示报告制度。”

七、现行地方组织法规定，每届人大常委会组成人员的名额经确定后，在本届人大任期内不再变动。本次修改地方组织法，增加了省和设区的市两级人大常委会组成人员名额。考虑到此前一些设区的市、自治州人大已完成换届，按现行法律规定的名额选举产生了常委会组成人员；有的省、设区的市、自治州的新一届人大常委会组成人员名额已经作出决定但尚未完成换届，为保证修改后的地方组织法的有效实施，使有关地方适时依法增加人大常委会组成人员名额，建议在本次修改地方组织法的决定中明确：“本决定通过前，省、设区的市级新的一届人民代表大会常务委员会组成人员的名额已经确定的，根据本决定增加相应的名额，并依法进行选举。”

审议中，有些代表还对进一步完善地方人大及其常委会的组织和工作制度提出了一些意见建议。考虑到有的问题可以由地方按照中央精神和法律规定通过制定地方性法规加以明确，有的问题需要通过加强改进相关工作予以解决，有的问题需要继续探索和深入研究，目前以不作修改为宜。

此外，根据代表们的审议意见，还对修正草案作了一些文字表述性修改。

宪法和法律委员会已按上述意见提出了全国人民代表大会关于修改《中华人民共和国地方各级人民代表大会和地方各级人民政府组织法》的决定（草案），建议经主席团审议通过后，印发各代表团审议。

修改决定草案和以上报告，请审议。

第十三届全国人民代表大会宪法和法律委员会

2022 年 3 月 8 日